사회평론

글 **사회평론 과학교육연구소**
대학에서 오랫동안 과학을 연구한 전문가들이 모여, 우리 아이들이 쉽고 재미있게 공부할 수 있는 책을 만들고 있습니다.

글 **이명화** (사회평론 과학교육연구소 연구원)
서울대학교 물리교육과를 졸업하고 같은 대학교 대학원에서 석사, 박사 학위를 받았습니다. 10여 년간 중학교에서 과학을 가르쳤으며, 미국 아리조나 주립대에서 물리학으로 박사 학위를 받고 독일, 미국, 영국에서 연구원으로 근무하였습니다. 쉽고 재미있는 과학책을 쓰는 일에 관심을 갖고 있으며, 현재 사회평론 과학교육연구소 연구원으로 과학책을 만들고 있습니다.

글 **김형진** (사회평론 과학교육연구소 연구원)
연세대학교 천문대기과학과를 졸업하고 같은 대학교 대학원에서 석사, 박사 학위를 받았습니다. 과학자를 꿈꾸는 아이들에게 올바른 과학 개념과 과학적 태도를 함께 키울 수 있는 방법을 전달하기 위해 노력하고 있습니다. 현재 사회평론 과학교육연구소 연구원으로 과학책을 만들고 있습니다.

글 **설정민** (사회평론 과학교육연구소 연구원)
서울대학교 생물학과를 졸업하고 같은 대학교 대학원에서 석사 학위를 받은 뒤 박사 과정을 수료하였습니다. 아이에게 과학을 쉽고 재미있게 얘기해 주려 노력하다 보니 어린이를 위한 책을 만드는 일에도 관심을 가지게 되었습니다. 현재 사회평론 과학교육연구소 연구원으로 과학책을 만들고 있습니다.

그림 **김인하**
시각디자인을 전공하고 1999년 월간지에 만화를 연재하며 작품 활동을 시작하였습니다. 《건방진 우리말 달인》, 《똑똑한 어린이 대화법》 등에 그림을 그렸습니다. 이 책을 읽는 어린이들의 밝은 미래를 기원합니다.

그림 **김지희**
만화가이자 일러스트레이터로 활동하고 있습니다. 그린 책으로 《드래곤빌리지 학습도감 13 : 해적앵무》, 《난생 처음 한번 공부하는 미술 이야기 5》, 《난생 처음 한번 공부하는 미술 이야기 6》 등이 있습니다.

그림 **전성연**
대학교에서 그래픽디자인을 전공했고, 현재 직장을 다니며 일러스트 작업을 하고 있습니다.

감수 **강남화**
서울대학교 물리교육과를 졸업하고 같은 대학교 대학원에서 석사 학위를 받았습니다. 미국 조지아주립대학교에서 박사 학위를 받았습니다. 미국에서 10년간의 교수 생활 후 현재 한국교원대학교 물리교육과 교수로 재직 중입니다. 2015 개정 교육과정의 고등학교 물리교과서를 함께 저술했으며, 함께 번역한 책으로 《재미있는 물리 여행》, 《드로잉 피직스》가 있습니다.

캐릭터 **이우일**
홍익대학교에서 시각디자인을 공부한 만화가입니다. 그림책 작가인 아내 선현경, 딸 은서, 고양이 카프카와 함께 그림을 그리고 글을 쓰며 살고 있습니다. 지은 책으로 《우일우화》, 《옥수수빵파랑》, 《좋은 여행》, 《고양이 카프카의 고백》 등이 있고, 그린 책으로 《노빈손》 시리즈, 《용선생의 시끌벅적 한국사》 시리즈, 《교양으로 읽는 용선생 세계사》 시리즈 등이 있습니다.

# 용선생의 시끌벅적 과학교실

## 에너지

글 사회평론 과학교육연구소 | 그림 김인하·김지희·전성연 | 감수 강남화 | 캐릭터 이우일

## 짜릿한 롤러코스터, 어떻게 움직일까?

사회평론

## 프롤로그

여러분, 안녕? 과학반을 맡은 용선생이야. 내 명성은 익히 들어 봤겠지? 역사반과 세계사반을 모두 훌륭하게 성공시키며 방과 후 교실 최고의 인기 교사가 된 그 용선생이란다. 교장 선생님께서 특별히 부탁하셔서 이번에는 과학반을 맡게 되었어. 어찌나 사정을 하시던지 도무지 거절할 수가 없었지 뭐야. 그래서 이 몸이 깜짝 놀랄 수업을 준비했단다.

우리의 수업은 언제나 질문과 함께 출발해. 세상을 둘러보다가 누군가 "저건 왜 그래요?" 하고 질문하면 바로 그 순간 수업이 시작되는 거지. 이제부터 용선생의 시끌벅적 과학교실을 제대로 즐기는 방법을 하나씩 알려 줄게.

첫째, 과학반 친구들과 함께 호기심을 갖고 질문해 봐. 과학을 어렵게만 생각하지 말고, 매 교시마다 아이들이 어떤 호기심을 가지는지 관심을 가져 봐. 과학반 친구들과 함께 '왜 그럴까?', '어떻게 알아낼 수 있을까?' 고민하다 보면 어렵던 과학도 쉽게 느껴질 거야.

둘째, 어려운 내용은 사진과 그림으로 이해해 봐. 어려운 과학 개념과 원리를 한 장의 사진이나 그림을 통해 단숨에 이해할 수도 있어. 그래서 너희를 위해 사진과 그림을 많이 준비했단다. 글을 읽다가 어렵다 싶으면 옆에 있는 사진과 그림을 봐. 잘 이해되지 않던 내용이 틀림없이 술술 이해될 거야.

셋째, 배운 내용을 되새기며 머릿속에 정리해 봐. 왁자지껄한 수업을 마치고 나면 뭘 배웠는지 정리가 안 될 때도 있을 거야. 그럴 때를 대비해 중간중간 핵심 정리를 준비했어. 또 배운 내용을 4컷 만화로 재미있게 요약해 두었지. 게다가 교시가 끝날 때마다 나선애의 정리노트도 마련했단다. 이 정도면 학습 정리는 문제없겠지?

과학은 분야도 다양하고 배울 내용도 아주 많아. 쉽게 이해할 수 있는 부분도 있지만, 여러 번 곰곰이 생각해 봐야 알 수 있는 부분도 있지. 이 책을 여러 번 다시 읽다 보면 구석구석 빠짐없이 모두 이해될 거야.

자, 이제 용선생의 시끌벅적 과학교실을 제대로 즐길 준비가 됐겠지? 그럼 신나는 수업을 시작해 볼까?

## 차례 | 에너지

### 1교시 | 일과 에너지

#### 힘이 드는 건 모두 일일까?

과학에서 말하는 일이란? … 13
일을 한 걸까, 안 한 걸까? … 16
일과 에너지의 관계는? … 20

나선애의 정리노트 … 22
과학퀴즈 달인을 찾아라! … 23
용선생의 과학 카페 … 24
- 산길의 도로가 구불구불한 까닭은?

**교과연계**
초 6-2 에너지와 생활 | 중 1 여러 가지 힘 |
중 3 운동과 에너지

### 3교시 | 역학적 에너지

#### 롤러코스터는 어떻게 계속 오르락내리락하는 걸까?

롤러코스터에 숨은 에너지의 정체는? … 42
위치 에너지는 왜 생길까? … 45
굴러가는 볼링공이 가지는 에너지는? … 49
롤러코스터의 비밀! … 52

나선애의 정리노트 … 56
과학퀴즈 달인을 찾아라! … 57

**교과연계**
초 6-2 에너지와 생활 | 중 1 여러 가지 힘 |
중 3 운동과 에너지 | 중 3 에너지 전환과 보존

### 2교시 | 에너지 형태

#### 에너지는 모두 같을까?

에너지를 얻는 방법은? … 29
에너지의 다양한 모습! … 31
에너지 형태를 찾아라! … 35

나선애의 정리노트 … 38
과학퀴즈 달인을 찾아라! … 39

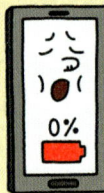

**교과연계**
초 6-2 에너지와 생활 | 중 3 운동과 에너지

## 4교시 | 에너지 전환

### 페달을 밟으면 빛이 나오는 까닭은?

흔들의자로 불을 켜는 원리는? … 61
에너지는 무엇으로부터 왔을까? … 65
에너지 보존 법칙! … 68

나선애의 정리노트 … 70
과학퀴즈 달인을 찾아라! … 71
용선생의 과학 카페 … 72
 - 꼬리에 꼬리를 무는 에너지 전환!

**교과연계**
초 6-2 에너지와 생활 |
중 3 에너지 전환과 보존

## 6교시 | 신재생 에너지

### 버스에 기름 대신 수소를 쓰는 까닭은?

기름을 너무 많이 쓰면 안 되는 까닭은? … 95
수소를 연료로 쓰는 까닭은? … 98
신재생 에너지에는 또 뭐가 있을까? … 102

나선애의 정리노트 … 106
과학퀴즈 달인을 찾아라! … 107
용선생의 과학 카페 … 108
 - 세계 최초의 탄소 제로 도시, 베드제드

**교과연계**
초 6-2 에너지와 생활 |
중 3 에너지 전환과 보존

## 5교시 | 전기 에너지

### 형광등을 엘이디등으로 바꾸는 까닭은?

전기 에너지는 어떻게 만들어질까? … 76
엘이디등을 쓰면 뭐가 좋을까? … 80
전기 에너지를 아끼려면? … 85

나선애의 정리노트 … 88
과학퀴즈 달인을 찾아라! … 89
용선생의 과학 카페 … 90
 - 대기 전력을 줄이는 또 다른 방법!

**교과연계**
초 6-2 에너지와 생활 |
중 3 에너지 전환과 보존

가로세로 퀴즈 … 110
교과서 속으로 … 112

찾아보기 … 114
퀴즈 정답 … 115

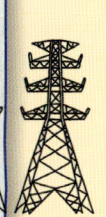

## 등장인물

용쓴다 용써!
### 용선생

체력 ★★★
지력 ★★★★★
감성 ★★★
호기심 ★★★★★
유머 ★★

열정이 가득한 과학 선생님. 하늘을 향해 거침없이 솟은 머리카락과 삐죽삐죽한 수염이 매력 포인트. 생생한 과학 수업을 하기 위해 물불을 가리지 않는다.

장하다 장해!
### 장하다

체력 ★★★★★
지력 ★
감성 ★★★★
호기심 ★★★★★
유머 ★★★★★

'튼튼하게만 자라 다오.'라는 아버지의 소원대로 튼튼하게 자랐다. 성격은 일등, 성적은 비밀이다. 시험을 못 봐도 씩씩하고, 엉뚱한 질문으로 수업에 활력을 준다.

오늘도 나선다!
### 나선애

체력 ★★★★
지력 ★★★★
감성 ★★★
호기심 ★★★★★
유머 ★★★

과학자를 꿈꾸는 우등생. 공부도 잘하고 아는 게 많아서 모든 일에 앞장서는 타입이다. 겉으로는 차가워 보이지만 내심 따뜻한 면도 가지고 있다. 전혀 티가 안 나서 그렇지.

잘난 척 대장
### 왕수재

체력 ★★★
지력 ★★★★
감성 ★
호기심 ★★★★★
유머 ★

세상에서 자기가 제일 잘난 줄 안다. '천재는 외로운 법이고 질투의 대상인 법'이라나. 친구들에게 깐족거리는 데에도 천재적이다. 그래도 수업에는 늘 적극적으로 참여한다.

## 낭만 가득
### 허영심

체력 ★★★★★
지력 ★★★
감성 ★★★★★
호기심 ★★★★★
유머 ★★

감성이 풍부해도 너무 풍부하다. 떨어지는 낙엽이나 밤하늘의 별을 보며 눈물짓고, 조그만 벌레와 대화를 나누는 사차원 성격. 하지만 누구보다 정이 많고 낭만적이다.

## 과학반 귀염둥이
### 곽두기

체력 ★★★
지력 ★★★★
감성 ★★★★
호기심 ★★★★★
유머 ★★★★

형과 누나들의 귀여움을 독차지하는 과학반 막내. 나이도 가장 어리고 타고난 동안이라 언뜻 보면 유치원생 같다. 훈장 할아버지 덕에 어려운 단어를 줄줄 꿰고 있다.

## 우리를 찾아봐!

**태양**
지구에 빛에너지와 열에너지를 보내는 천체야.

**롤러코스터**
레일 위를 열차로 달리며 오르락내리락하는 놀이 기구야. 역학적 에너지 전환을 이용해.

**수력 발전소**
높은 곳에서 물을 떨어뜨려 전기 에너지를 만드는 곳이야.

**엘이디등**
전기 에너지 대부분을 빛에너지로 바꾸어 에너지 효율이 높은 전등이야.

**수소**
산소와 반응하여 전기 에너지를 만드는 기체야. 친환경 차의 연료로 쓰여.

**산소**
우리가 숨 쉴 때 꼭 필요한 기체야. 수소와 반응하여 전기 에너지를 만들어.

**1교시 | 일과 에너지**

# 힘이 드는 건 모두 일일까?

> 상자를 옮기고 있어.

> 일하느라 힘들겠다.

"오늘이 과학실 대청소하는 날인 거 다들 기억하고 있지?"

용선생의 말에 아이들이 "네!" 하며 자리에서 일어나 분주히 움직이기 시작했다.

"수재야, 이것 좀 교실 뒤로 옮겨 줄래?"

용선생이 왕수재에게 화분을 건네며 말했다. 화분을 옮기던 왕수재는 장하다가 손에 걸레를 든 채 기지개를 켜는 것을 발견했다.

"장하다! 나처럼 일을 열심히 해야지!"

"잠깐 기지개를 켰을 뿐이야! 이제 일할 거라고!"

용선생이 둘 사이에 끼어들었다.

"어허, 싸우지 말렴. 이상하게 들리겠지만 과학에서는 걸레를 들고 기지개를 켜는 것도 일이라고 한단다."

"말도 안 돼요! 저렇게 쉬는 것도 일이라고요?"

## 과학에서 말하는 일이란?

청소가 끝나자 용선생이 말했다.

"청소도 끝났으니 과학에서 말하는 일에 대해 알아보자. 과학에서 말하는 일과 일상생활에서 말하는 일은 뜻이 조금 달라. 일상생활에서는 언제 일을 한다고 하지?"

"심부름할 때요!"

"부모님이 회사에 출근해서 일하실 때요!"

"어제 공사장에서 아저씨들이 무거운 벽돌을 나르는 걸 봤어요. 그것도 일이에요."

"책을 읽거나 공부하는 것도 엄청 힘드니까 일이에요!"

장하다의 말에 아이들이 웃음을 터뜨렸다.

"하하, 일상생활에서는 힘이 드는 걸 모두 일이라고 해. 그런데 그중에는 과학에서 말하는 일인 것도 있고, 일이 아닌 것도 있어."

"일인 것과 일이 아닌 것을 어떻게 구분해요?"

"과학에서 말하는 일을 할 테니 잘 보렴."

용선생은 장하다의 책상을 살짝 끌어당겨 한 뼘 정도 움직였다.

"애걔, 그게 일을 한 거예요?"

**용선생의 과학 현미경**

어떤 물체에 힘을 주어 물체가 힘을 받는 것을 물체에 힘이 작용한다고 말해.

"응. 과학에서는 물체에 힘이 작용하여 물체가 힘의 방향으로 이동할 때, 힘이 물체에 일을 한다고 말해. 방금 책상에 끌어당기는 힘을 주어 당기는 쪽으로 책상이 이동했지? 이건 과학에서 말하는 일을 한 거야."

"오호, 그러니까 물체가 힘을 받아야 하고, 힘의 방향으로 움직여야 과학에서 말하는 일이 된다는 거죠?"

"그렇지! 이제 과학에서 말하는 일의 뜻을 알았으니 우리 주변에서 일을 한 경우를 찾아볼까?"

**용선생의 과학 현미경**

## 과학에서 말하는 힘이란?

과학에서 말하는 힘도 일상생활에서 말하는 힘과 의미가 조금 달라. 축구공을 발로 차면 축구공의 모양이 찌그러지고, 빠르기나 움직이는 방향이 변해. 이렇듯 과학에서는 물체의 모양이나 빠르기, 움직이는 방향을 변하게 하는 원인을 힘이라고 해. 힘은 화살표로 나타낼 수 있어. 화살표의 길이는 힘의 크기, 화살표의 방향은 힘의 방향, 화살표가 시작되는 부분은 힘의 작용점을 나타내. 힘의 크기, 힘의 방향, 힘의 작용점을 힘의 3요소라고 하지.

▲ 힘의 3요소

"좋아요! 청소할 때 책상을 뒤로 민 건 일을 한 거죠?"

"그래. 책상에 미는 힘을 주어 책상이 미는 쪽으로 이동하니까 일을 한 거야."

"무거운 상자를 들어 올리는 것도 일을 한 거고요?"

"맞아. 상자에 위쪽으로 힘을 주어 상자가 위쪽으로 이동하니까 일을 한 거지. 또 공사장에서 벽돌을 들고 계단을 오르는 것도 일을 한 거야. 벽돌에 위로 받치는 힘을 주어 벽돌이 위쪽으로 이동하니까 말이야."

"오호, 그렇군요."

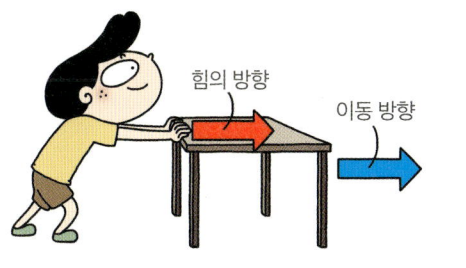 

▲ 과학에서 말하는 일

"하지만 과학에서는 가만히 앉아 책이나 컴퓨터 화면을 보는 건 일을 한다고 하지 않아. 물체에 힘이 작용하지도 않고, 물체가 이동하지도 않기 때문이지."

 핵심정리

과학에서는 물체에 힘이 작용하여 물체가 힘의 방향으로 이동할 때 힘이 물체에 일을 한다고 말해.

 ## 일을 한 걸까, 안 한 걸까?

용선생이 목을 가다듬고 말을 이었다.

"일상생활에서 일을 많이 하거나 적게 한다고 말하는 것처럼 과학에서 말하는 일에도 많고 적음의 양이 있어."

"그래요? 과학에서는 언제 일을 많이 한 거예요?"

"아까 선생님이 물체에 힘이 작용하고, 물체가 힘의 방향으로 이동해야 일이라고 했지? 일의 양은 물체에 작용한 힘의 크기가 클수록, 물체가 힘의 방향으로 이동한 거리가 길수록 많아."

"흠…… 좀 더 자세히 설명해 주세요."

"예를 들어 책상을 밀어 움직일 때에는 책상에 힘을 세게 줄수록, 책상이 많이 이동할수록 일을 많이 한 거지."

아이들이 고개를 끄덕이자 용선생이 말했다.

▲ **일의 양** 힘의 크기가 클수록, 물체가 힘의 방향으로 이동한 거리가 길수록 물체에 한 일의 양이 많아.

"반대로 물체에 힘이 작용하지 않거나, 물체가 힘의 방향으로 이동하지 않으면 과학에서 말하는 일을 한 게 아니야. 그러니까 이때 한 일의 양은 0이 돼."

"아하, 일을 하지 않았으니까 일의 양이 0이군요!"

왕수재가 고개를 세차게 끄덕였다. 이를 본 용선생이 "퀴즈 하나를 내 볼게." 하더니 갑자기 온 힘을 다해 칠판을 밀었다.

"방금 칠판을 밀 때 칠판에 한 일의 양은 얼마일까?"

"힘을 세게 주었으니까 일을 많이 한 것 같아요."

허영심이 말했다. 그러자 나선애가 고개를 갸웃했다.

"물체가 이동하지 않으면 일의 양이 0이라고 하셨잖아요. 방금 칠판은 꿈쩍도 안 했는데요?"

"딩동댕! 선애 말이 맞아. 칠판을 세게 밀었지만, 칠판이 움직이지 않았으니 칠판에 한 일의 양은 0이지."

"우아, 저렇게 힘을 세게 줘도 일의 양이 0이구나."

아이들이 웅성거리는데 곽두기가 손을 번쩍 들었다.

"어제 집에 배달 온 택배 상자를 힘껏 밀었는데 상자가 꿈쩍도 안 했어요. 그럼 그때 한 일의 양도 0이겠네요?"

"그렇지! 반대로 물체가 이동해도 힘이 작용하지 않으면 물체에 한 일의 양이 0이 돼."

▲ 물체가 이동하지 않으면 물체에 한 일의 양이 0이야.

"힘이 작용하지 않는데 물체가 움직일 수 있어요?"

"응. 매우 평평하고 매끄러운 얼음판에서 아이스하키 퍽을 쳤다고 생각해 봐. 퍽에 계속 힘을 주지 않아도 퍽은 같은 빠르기로 쭉 미끄러져. 퍽이 미끄러지는 동안 퍽에 힘이 작용하지 않으니 퍽에 한 일의 양은 0이지."

▶ 힘이 작용하지 않으면 물체에 한 일의 양이 0이야.

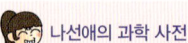

**나선애의 과학 사전**

**수직** 선과 선, 선과 면, 면과 면이 만나 직각(90°)을 이룬 상태를 말해.

"오, 그렇겠네요."

"한 가지 더! 힘의 방향과 물체가 이동한 방향이 수직인 경우도 물체에 한 일의 양은 0이야. 물체에 힘이 작용하고, 물체가 이동하지만 일의 양이 0이지."

"어째서요?"

"아까 청소할 때 수재가 화분을 들고 교실 뒤로 걸어간 경우를 생각해 보자."

"아까 제가 일을 많이 하긴 했죠!"

"하하, 과연 그럴까? 수재는 화분이 밑으로 떨어지지 않

▲ 힘의 방향과 물체가 이동한 방향이 수직이면 한 일의 양이 0이야.

도록 위로 받치는 힘을 줬어. 또 화분은 교실 뒤쪽으로 이동했지. 하지만!"

아이들이 용선생의 말에 귀를 쫑긋 세웠다.

"과학에서 말하는 일은 물체가 힘을 주는 방향으로 이동하는 것이라고 했잖아. 수재는 화분에 위쪽으로 힘을 줬는데 화분은 위쪽으로 이동하지 않고, 바닥과 나란한 방향으로 이동했지."

"오호, 힘을 주긴 했지만 화분이 힘의 방향으로는 이동하지 않았네요."

"그렇지! 이처럼 힘의 방향과 물체가 이동한 방향이 수직이면 힘의 방향으로 물체가 이동한 거리가 0이어서 한 일의 양은 0이란다."

"으악! 그럼 하다가 걸레를 들고 기지개를 켜는 건요?"

"하다가 걸레를 들어 올릴 때 하다가 걸레를 받치는 힘의 방향과 걸레가 이동한 방향은 같아. 그러니까 이때에는 걸레에 일을 한 거지."

"헉! 걸레를 들고 기지개를 켜는 것도 일이라니!"

**핵심정리**

힘이 물체에 한 일의 양은 물체에 작용한 힘의 크기가 클수록, 물체가 힘의 방향으로 이동한 거리가 길수록 많아.

## 일과 에너지의 관계는?

"선생님! 과학에서 말하는 일이 그렇게 중요한가요?"

"오, 좋은 질문이야. 선생님이 하나만 물어볼게. 하루 동안 아무것도 먹지 않았을 때와 음식을 먹었을 때 중 언제 짐을 들어 올리는 게 더 쉬울까?"

"에이, 당연히 음식을 먹고 난 다음이죠."

"온종일 굶으면 연필 들 힘도 없다고요!"

"하하, 맞아. 짐을 들어 올리는 건 과학에서 말하는 일을 하는 거지? 사람은 음식을 먹어야 일을 할 수 있어. 전기로 움직이는 장난감도 마찬가지야. 전지가 있어야 장난감을 움직이는 일을 할 수 있지."

▲ 사람은 음식을 먹어야 일을 할 수 있어.

▲ 전기로 움직이는 장난감은 전지가 있어야 일을 할 수 있어.

"장난감에게는 전지가 밥이나 마찬가지네요."

"맞아. 이렇듯 음식이나 전지는 일을 할 수 있는 능력을 가지고 있어. 과학에서는 일을 할 수 있는 능력을 '에너지'라고 해. 음식이나 전지에는 에너지가 저장돼 있고, 우리는 음식에 저장된 에너지를 써서 일을 하는 거야. 장난감은 전지에 저장된 에너지를 쓰는 거고."

"에너지라는 말은 많이 들어 봤어요. 과학에서 말하는 일은 에너지와 관련이 있어서 중요하군요!"

"그렇단다. 에너지는 일을 할 수 있는 능력이어서 에너지가 클수록 할 수 있는 일의 양도 많아."

"오호, 그럼 전지에 에너지가 많이 저장되어 있을수록 장난감에 일을 더 많이 할 수 있겠네요?"

"그렇지! 일을 하면 에너지를 쓰게 돼. 장난감은 전지에 저장된 에너지만큼만 일을 할 수 있어. 전지가 다 닳으면 장난감이 움직이지 않지? 장난감이 움직이는 데 에너지를 다 써서 그래. 사람도 마찬가지야. 일을 하고 나면 음식에 저장된 에너지를 써서 배가 고파지지."

"아하, 축구를 한바탕하고 나면 배에서 꼬르륵 소리가 나는데, 에너지를 써서 그런 거군요!"

때마침 장하다 배에서 꼬르륵 소리가 났다.

"앗, 저는 에너지를 너무 많이 썼나 봐요."

"하하! 하다가 배가 고픈 모양이구나. 선생님도 배가 고픈 걸 보니 에너지를 많이 썼나 보다. 오늘 수업은 이만 마치자!"

에너지는 일을 할 수 있는 능력이야. 에너지가 클수록 일을 더 많이 할 수 있고, 일을 하면 에너지를 쓰게 돼.

## 1. 과학에서 말하는 일

① 물체에 힘이 작용하여 물체가 힘의 방향으로 이동할 때 힘이 물체에 일을 한다고 함.

② 물체에 한 일의 양
- 힘의 크기가 클수록, 물체가 힘의 방향으로 이동한 ⓐ [ ] 가 길수록 한 일의 양이 많음.

③ 물체에 한 일의 양이 0인 경우
- 힘이 작용하지만 물체가 이동하지 않을 때
  [예] 무거운 상자를 밀었는데 움직이지 않을 때
- 물체가 이동하지만 ⓑ [ ] 이 작용하지 않을 때
  [예] 매우 평평하고 매끄러운 얼음판 위에서 퍽이 미끄러질 때
- 힘의 방향과 물체가 이동한 방향이 ⓒ [ ] 일 때
  [예] 물체를 들고 땅과 나란히 걸어갈 때

## 2. 에너지

① ⓓ [ ] 을 할 수 있는 능력
② 일을 하면 에너지를 쓰게 됨.

ⓐ 거리 ⓑ 힘 ⓒ 수직 ⓓ 일

 # 과학퀴즈 달인을 찾아라!

●정답은 115쪽에

## 01

친구들이 이번 시간에 배운 내용에 대해 이야기하고 있어. 옳으면 O, 옳지 않으면 X를 표시해 줘.

① 힘이 드는 건 모두 일이야. (    )

② 일을 하면 에너지를 쓰게 돼. (    )

③ 물체에 힘을 세게 줘도 물체가 움직이지 않으면 한 일의 양은 0이야. (    )

## 02

용선생이 피자를 주문했는데, 과학에서 말하는 일을 한 사람만 피자를 먹을 수 있대. 누가 피자를 먹게 될지 그림에 표시해 봐.

| 용선생의 과학 카페 | 용선생의 한국사 카페 | 용선생의 세계사 카페 |  |

  https://cafe.naver.com/yongyong

## 용선생의 과학 카페

과학계의 핵인싸,
용선생의 과학 카페에
오신 걸 환영합니다.

[ Log in ]

오늘은 어떤 재미난 지식을 올려 볼까?

**MENU**

물리면 아프다
화학이 화하하
생물 오징어
지구는 둥글다

## 산길의 도로가 구불구불한 까닭은?

▲ 트럭에 빗면을 설치한 모습

트럭에 짐을 싣는 걸 본 적 있니? 트럭과 바닥 사이에 판을 비스듬히 세운 뒤, 판을 이용하여 짐을 실어. 왜 이렇게 하는 걸까?

비스듬히 기운 면을 빗면이라고 하는데, 빗면을 이용하면 물체를 곧바로 들어 올릴 때보다 힘을 덜 들이고도 같은 양의 일을 할 수 있기 때문이야. 그 대신 물체를 이동시키는 거리는 길어지지.

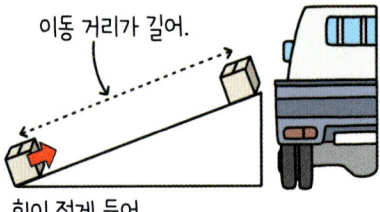 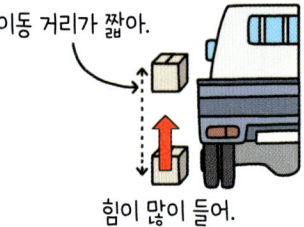

이동 거리가 길어. 힘이 적게 들어. 이동 거리가 짧아. 힘이 많이 들어.

▲ 빗면을 이용하여 들어 올릴 때 물체를 이동시키는 거리가 길지만 힘이 적게 들어.  ▲ 바닥과 수직으로 들어 올릴 때 물체를 이동시키는 거리가 짧지만 힘이 많이 들어.

우리 주변에는 힘을 덜 들이기 위해 빗면을 이용하는 경우가 많아. 높은 산을 넘어가는 도로는 빗면을 이용하여 매우 구불구불하게 만들어. 차가 곧바로 올라갈 때보다 이동 거리는 길어지지만 힘이 덜 든다는 장점이 있지. 우리가 매일 보는 계단도 빗면을 이용하는 거야. 계단을 이용하여 올라가면 수직으로 올라갈 때보다 이동 거리는 길어지지만 힘이 덜 들어. 계단이 완만할수록 이동 거리는 길어지고 힘은 덜 들지.

▲ 중국 후난성 톈먼산에 있는 도로  도로가 구불구불하여 이동 거리가 긴 대신 올라가는 데 힘이 덜 들어.

나사못도 빗면을 이용하는 도구야. 나사못은 망치로 박지 않고 드라이버로 돌려서 박아. 나사못이 돌아가며 박히는 거리는 망치로 일반 못을 박을 때보다 길어지지만 그만큼 힘은 적게 들어.

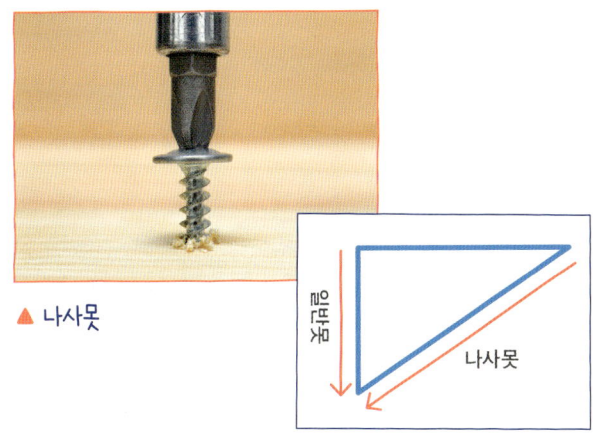

▲ 나사못

- 장하다의 오답을 피하는 방법
- 나선애의 야무진 실험실
- 왕수재의 아는 척 과학교실
- 허영심의 별 헤는 밤
- 곽두기의 빅뱅 따라잡기

### COMMENTS

- 학교 계단도 저렇게 구불구불하면 좋겠다.
  - 왜?
  - 올라가는 동안 수업 끝날지도 모르잖아!
  - 아휴… 하여튼 못 말려!

**2교시 | 에너지 형태**

# 에너지는 모두 같을까?

오, 맛있겠다. 뭘 먹고 있는 거지?

저거 혹시 에너지바 아냐? 음료는 에너지 드링크?

"장하다, 혼자 뭐 먹어?"

"에너지바! 너도 하나 먹을래?"

장하다가 에너지바를 건네자 왕수재가 고개를 끄덕였다. 잠시 뒤 왕수재가 벤치 위의 음료를 가리키며 물었다.

"저거 탄산음료야? 나도 좀 마시자!"

"아니, 에너지 드링크야."

"에너지바에 에너지 드링크! 너 참 에너지 좋아한다!"

이때 조용히 둘의 대화를 듣고 있던 곽두기가 물었다.

"여름에 에어컨을 많이 쓰면 어른들이 에너지를 아껴야 한다고 하시잖아. 그 에너지랑 이 에너지랑 상관있어?"

장하다와 왕수재는 동시에 "글쎄?" 하며 고개를 갸우뚱했다.

"이따 선생님께 여쭤보자!"

## 에너지를 얻는 방법은?

과학 시간이 시작되자 곽두기가 물었다.

"선생님, 에너지를 절약하자고 말할 때의 에너지랑 에너지바의 에너지가 상관있어요?"

"물론 있지!"

"어떻게요?"

"먼저 에너지에 대해 좀 더 자세히 알아보자. 지난 시간에 에너지에 대해 배웠던 거 기억나니?"

"네! 에너지는 일을 할 수 있는 능력이라고 했어요."

"맞아. 그러니까 생물이 살아가고 기계가 작동하려면 에너지가 꼭 필요하지. 사람이나 동물은 아무것도 먹지 않으면 살 수 없고, 스마트폰이나 게임기는 충전하지 않으면 켜지지 않아. 이게 모두 에너지가 없기 때문이야."

"리모컨도 어느 날 갑자기 작동을 멈출 때가 있잖아요. 그것도 에너지가 없어서 그런 거죠?"

"그렇지."

"제가 먹지 않으면 아무것도 할 수 없는 것도 에너지가 부족해서죠!"

장하다가 에너지바를 먹으며 말했다.

>  곽두기의 낱말 사전
>
> **절약** 함부로 쓰지 않고 꼭 필요한 데에만 써서 아끼는 것을 말해.

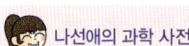

**나선애의 과학 사전**

**광합성** 빛 광(光) 합할 합(合) 이룰 성(成). 식물이 햇빛, 물, 이산화 탄소를 이용해 스스로 양분을 만드는 작용을 말해.

"하하, 맞아! 식물도 마찬가지야. 식물도 물을 안 주거나 햇빛이 잘 들지 않는 곳에 두면 시들시들해지다 결국 죽고 말아. 이것 역시 에너지가 부족해서 그런 거야."

"이 세상에 에너지 없이 살 수 있거나 작동할 수 있는 건 아무것도 없나 봐요!"

허영심의 말에 용선생이 고개를 세차게 끄덕였다.

"맞아. 그런데 에너지를 얻는 방법은 서로 다르단다. 식물은 햇빛을 받아 광합성을 하여 스스로 양분을 만들고, 그 양분을 통해 에너지를 얻어. 그래서 식물을 키울 때에는 햇빛이 잘 드는 곳에 두고 물만 잘 주면 돼."

"참 간편하네요. 우린 열심히 먹어야 에너지를 얻는데 말이죠!"

장하다가 가방에서 과자를 꺼내며 말했다.

"맞아. 사람이나 동물은 살아가는 데 필요한 에너지를 얻기 위해 음식이나 먹이를 먹어야 하지."

"스마트폰이나 게임기는 충전을 하면 되고요!"

▲ 식물은 광합성을 통해, 동물은 먹이를 먹어 에너지를 얻어.

"그렇지! 전자 제품이나 전기 기구는 콘센트에 꽂아 에너지를 얻어. 한편, 자동차도 달리려면 에너지가 필요해. 자동차는 기름이 없으면 시동이 켜지지 않고, 달리다가도 멈추게 돼. 그래서 자동차는 주유소에서 기름을 넣어서 에너지를 얻는단다. 이렇듯 에너지를 얻는 방법은 다양해."

 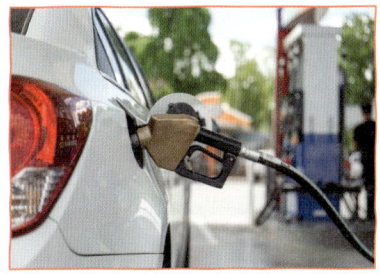

▲ 스마트폰은 충전을 하고, 자동차는 기름을 넣어 에너지를 얻어.

 핵심정리

생물이 살아가고 기계가 작동하는 데에는 에너지가 필요해. 식물, 동물, 기계는 각각 다른 방법으로 에너지를 얻어.

 **에너지의 다양한 모습!**

용선생이 아이들을 둘러본 뒤 말을 이었다.

> **곽두기의 낱말 사전**
>
> **형태** 모양 형(形) 모양 태(態). 사물의 생김새나 모양을 말해.

"에너지를 얻는 방법이 다양한 것처럼 우리가 일상생활에서 이용하는 에너지도 종류가 다양해."

"에너지에도 종류가 있어요?"

"응. 예를 들어 달리기할 때 쓰는 에너지와 텔레비전이 작동할 때 쓰이는 에너지는 종류가 달라. 보통 에너지 형태가 다르다고 해."

"오호, 어떻게 다른데요?"

"에너지 형태에는 전기 에너지, 빛에너지, 열에너지, 화학 에너지 등이 있어. 아마 한 번쯤 들어 본 에너지도 있을 거야. 같이 하나씩 알아보자."

용선생이 텔레비전을 가리키며 말을 이었다.

"전기 에너지는 텔레비전, 청소기, 냉장고 같은 전기 기구들을 작동하게 하는 에너지야. 에너지를 절약하자고 말할 때의 에너지도 대부분 전기 에너지를 말해. 전기 에너지를 쓰는 기구들은 주로 콘센트에 플러그를 꽂아 사용하지."

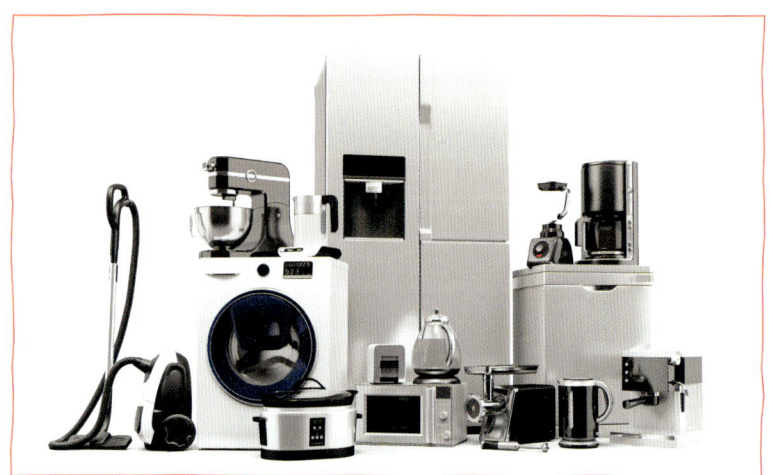

▶ 전기 에너지는 전기 기구를 작동하게 해.

"전기 에너지는 많이 들어 봤어요. 컴퓨터나 선풍기도 전기 에너지를 이용하는 거죠?"

"맞아! 혹시 빛에너지는 들어 봤니? 빛에너지는 형광등 불빛처럼 어두운 곳을 밝게 비춰 주는 에너지를 말해."

"오호, 햇빛처럼요?"

▲ 빛에너지는 어두운 곳을 밝게 비춰.

용선생은 고개를 끄덕이며 전기난로를 가리켰다.

"한편 열에너지는 주변의 온도를 높이는 에너지를 말해. 전기난로, 다리미, 오븐을 사용할 때 주변이 뜨거워지지? 모두 열에너지 때문이야."

장하다가 에너지바를 가리키며 물었다.

"에너지바에는 어떤 에너지가 있어요?"

▲ 열에너지는 주변의 온도를 높여.

"화학 에너지야. 음식이나 석탄, 석유와 같은 물질 속에 저장되어 있는 에너지를 화학 에너지라고 해. 화학 에너지는 음식을 먹고 소화시키거나 석탄을 태울 때처럼 한 물질이 다른 물질로 변화할 때 나타나."

"오호, 우리는 활동할 때 에너지 중에서도 화학 에너지를 쓰는 거군요!"

"그렇지!"

허영심이 창가에 놓인 화분을 가리키며 물었다.

"식물은 광합성으로 양분을 만들어 에너지를 얻는다 하

셨잖아요. 그건 무슨 에너지예요?"

"식물에 저장된 에너지는 화학 에너지야. 사람이나 동물은 식물을 먹어 화학 에너지를 얻지."

용선생은 서랍에서 전지를 꺼냈다.

"전지 속 물질에도 화학 에너지가 저장돼 있어. 우리가 전지를 사용할 때 전지에 저장된 화학 에너지로부터 전기 에너지가 생기지."

▲ 화학 에너지는 전지, 음식, 석유, 석탄 등 물질 속에 저장돼 있어.

"선생님! 그러니까 하다 형이 먹은 에너지바에는 화학 에너지가 저장되어 있고, 에어컨은 전기 에너지를 사용하는 거네요?"

"그렇지. 모두 에너지이고, 에너지 형태가 다른 거야."

 핵심정리

에너지에는 전기 에너지, 열에너지, 빛에너지, 화학 에너지 등의 다양한 형태가 있어.

 ## 에너지 형태를 찾아라!

온풍기를 유심히 쳐다보던 나선애가 손을 들었다.

"온풍기를 켜면 열에너지가 나오지만, 온풍기를 켜려면 플러그를 꽂아야 하잖아요. 그럼 온풍기는 전기 에너지와도 관련이 있지 않나요?"

"오, 선애가 아주 예리한걸? 선애 말대로 온풍기는 전기 에너지를 이용하여 작동하고, 작동할 때 열에너지가 나와. 이처럼 우리 주변에는 물체 하나에 여러 형태의 에너지가 관련된 경우가 많아."

"형광등도 전기가 있어야 불이 들어오잖아요! 형광등은 전기 에너지와 빛에너지 둘 다와 관련이 있는 거죠?"

"맞아! 게다가 형광등은 열에너지와도 관련이 있어. 형광등을 오래 켜 두면 형광등이 뜨거워지거든."

"맞아요! 아빠가 형광등을 교체하실 때 형광등이 뜨겁다고 하셨어요."

용선생이 고개를 크게 끄덕이며 말을 이었다.

"텔레비전도 마찬가지야. 텔레비전을 켜면 화면에서 빛이 나오고, 시간이 지나면 뒷면이 뜨거워져."

▲ 온풍기는 전기 에너지, 열에너지와 관련이 있어.

▲ 텔레비전, 형광등은 전기 에너지, 빛에너지, 열에너지와 관련이 있어.

"오호, 텔레비전, 형광등은 전기 에너지, 빛에너지, 열에너지와 관련이 있네요!"

"맞아. 이처럼 전기 에너지, 빛에너지, 열에너지와 관련이 있는 것이 또 뭐가 있을까?"

허영심이 곰곰이 생각하다 손을 들었다.

"전자레인지요! 전기를 사용하여 작동하고, 작동할 때 음식이 데워지고, 안에 불도 들어와요!"

"그렇지! 이제 모두 에너지 형태를 잘 이해한 것 같네. 그림으로 우리 주변에 있는 다양한 에너지 형태를 정리해 볼까?"

▲ 전자레인지는 전기 에너지, 빛에너지, 열에너지와 관련이 있어.

▶ 에너지의 다양한 형태

아이들이 그림을 보며 고개를 끄덕이는데, 장하다가 갑자기 책상에 엎드리더니 몸을 축 늘어뜨렸다.

"하다야, 갑자기 왜 그래?"

용선생이 놀란 표정으로 묻자 장하다가 기다렸다는 듯이 말했다.

"오늘 공부를 너무 열심히 했더니 몸속의 화학 에너지를 벌써 다 써 버린 것 같아요."

"선생님, 저도요!"

아이들이 저마다 배를 움켜잡고 힘든 체했다.

"하하하! 왠지 너희는 매일 배가 고픈 것 같구나. 그럼 에너지 보충하러 가자!"

"야, 신난다!"

**핵심정리**

우리 주변에는 물체 하나에 여러 형태의 에너지가 관련된 경우가 많아.

# 나선애의 정리노트

## 1. 에너지를 얻는 방법
① 생물이 살아가고, 기계가 작동하는 데에는 에너지가 필요함.
② 식물, 동물, 기계는 각각 다른 방법으로 에너지를 얻음.
- 식물은 햇빛을 받아 광합성을 하여 스스로 양분을 만들어 에너지를 얻음.
- 사람은 음식을 먹어 에너지를 얻음.
- 전자 제품이나 전기 기구는 콘센트에 플러그를 꽂아 에너지를 얻음.
- 자동차는 기름을 넣어 에너지를 얻음.

## 2. 에너지 형태
① ⓐ _____ : 전기 기구를 작동하게 하는 에너지
- 전원이 켜진 텔레비전, 작동 중인 온풍기

② ⓑ _____ : 어두운 곳을 밝게 비춰 주는 에너지
- 햇빛, 불이 켜진 형광등

③ ⓒ _____ : 주변의 온도를 높이는 에너지
- 뜨거운 바람을 내보내는 온풍기, 음식을 데우는 전자레인지

④ ⓓ _____ : 물질 속에 저장되어 있으며, 한 물질이 다른 물질로 변화할 때 나타나는 에너지
- 음식, 석탄, 석유, 전지

정답 ⓐ 전기 에너지 ⓑ 빛에너지 ⓒ 열에너지 ⓓ 화학 에너지

 # 과학퀴즈 달인을 찾아라!

●정답은 115쪽에

## 01

친구들이 이번 시간에 배운 내용에 대해 이야기하고 있어. 옳으면 O, 옳지 않으면 X를 표시해 줘.

① 에너지의 종류가 다른 걸 에너지 형태가 다르다고 해. (    )
② 에어컨을 작동하게 하는 에너지와 음식에 들어 있는 에너지는 형태가 같아. (    )
③ 물체 하나에 여러 형태의 에너지가 관련된 경우가 많아. (    )

## 02

다음 보기의 문장에서 밑줄이 그어진 부분과 관련된 에너지 형태를 순서대로 이으면 어떤 모양이 나온대. 정답을 찾아서 어떤 모양이 나오는지 그려 봐.

전자레인지에 치킨을 넣고 전원을 켜. 전자레인지가 작동하면서 전자레인지에서 빛이 나오고 치킨이 데워져. 치킨을 맛있게 먹고 소화시켜.

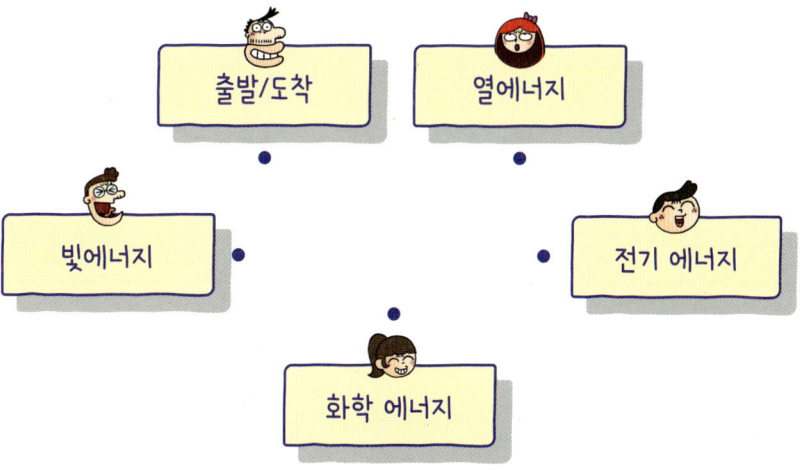

**3교시 | 역학적 에너지**

# 롤러코스터는 어떻게 계속 오르락내리락하는 걸까?

와! 롤러코스터다!

롤러코스터가 오르락내리락할 때 정말 스릴 만점이야!

"와, 놀이공원이다! 뭐부터 탈까, 형?"

"롤러코스터부터 타자!"

곽두기와 장하다는 롤러코스터를 향하여 달려갔다. 뒤따라온 왕수재가 롤러코스터를 유심히 쳐다보더니 고개를 갸웃했다.

"롤러코스터는 어떻게 계속 오르락내리락할 수 있는 거지? 자동차처럼 엔진이라도 달렸나?"

곽두기가 빨리 오라고 손짓하며 외쳤다.

"아이참, 형! 그건 내일 학교 가서 알아보자!"

 롤러코스터에 숨은 에너지의 정체는?

다음날 왕수재는 용선생에게 놀이공원에서 생긴 궁금

증을 털어놓았다.

"롤러코스터가 어떻게 계속 오르락내리락하는지 궁금하구나? 롤러코스터는 처음에만 높이 끌어올리면 그다음부터는 저절로 움직일 수 있어."

"저절로 움직인다고요? 어떻게요?"

"에너지와 관련된 중요한 법칙이 하나 있는데, 그걸 알면 모든 의문이 풀릴 거야."

"오, 어떤 법칙인지 궁금해요. 빨리 알려 주세요!"

왕수재가 침을 꼴깍 삼키며 말했다.

"좋아, 차근차근 알아보자. 혹시 공사장에서 쇠기둥을 땅에 박을 때 어떻게 하는지 아니?"

"쇠기둥이요? 쇠로 된 기둥이면 엄청 무거울 텐데 그걸 어떻게 박죠?"

용선생이 "이걸 보렴." 하며 영상을 틀었다.

▲ 추를 높이 들어 올린 뒤 쇠기둥 위로 떨어뜨리면 추는 쇠기둥을 땅에 박는 일을 해.

"추를 들어 올렸다가 쇠기둥 위로 떨어뜨리네요?"

"그래. 무거운 추를 높은 곳에서 떨어뜨리면 추는 떨어지면서 쇠기둥을 땅 밑으로 미는 일을 할 수 있어. 그래서 쇠기둥이 땅에 박히는 거야."

"오호, 꼭 망치 같아요!"

"지난번에 에너지는 일을 할 수 있는 능력이라고 했던 거 기억하지? 방금 본 것처럼 높은 곳에 있는 물체는 떨어지면서 다른 물체에 일을 할 수 있어."

"일을 할 수 있으니까 에너지를 가지고 있겠네요?"

"그렇지! 이렇듯 높은 곳에 있는 물체가 가지는 에너지를 위치 에너지라고 해. 공사장에서 쓰는 추 말고도 위치 에너지를 이용하는 도구가 또 있단다. 물레방아는 높은 곳에 있는 물이 가지는 위치 에너지를 이용해 돌아가."

곽두기가 벽에 걸린 시계를 가리키며 물었다.

"저기 있는 시계도 높은 곳에 있으니까 위치 에너지를 갖고 있겠네요?"

"그렇지!"

"천장에 달려 있는 형광등도요?"

"하늘에 떠 있는 구름은요?"

아이들이 저마다 이것저것 가리키며 묻자 용

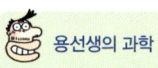

용선생의 과학 현미경

높은 곳에 있는 물체는 지구가 당기는 힘을 받아 떨어지면서 일을 할 수 있어. 이 힘을 중력이라고 해. 그래서 높은 곳에 있는 물체가 가지는 에너지를 '중력에 의한 위치 에너지'라고 해.

▲ 물레방아 높은 곳에서 떨어지는 물줄기가 물레방아에 일을 하여 물레방아가 돌아가.

선생이 고개를 세차게 끄덕였다.

"맞아. 그것들 모두 높은 곳에 있으니까 위치 에너지를 가지고 있어."

핵심정리

높은 곳에 있는 물체는 떨어지면서 다른 물체에 일을 할 수 있어. 높은 곳에 있는 물체가 가지는 에너지를 위치 에너지라고 해.

 위치 에너지는 왜 생길까?

그때 허영심이 고개를 갸웃하며 말했다.

"물체가 높은 곳에 있는 것만으로 에너지를 갖다니, 참 신기해요! 도대체 위치 에너지는 왜 생기는 거죠?"

"어떤 물체도 저절로 높은 곳으로 올라가지는 않아. 물체를 높은 곳으로 들어 올리는 일을 해 줘야만 높은 곳에 올라갈 수 있지. 이때 해 준 일이 에너지로 바뀐 게 바로 위치 에너지야."

"일이 에너지로 바뀐다고요?"

"그래. 물체는 일을 할 때 에너지를 사용한다고 했지? 자

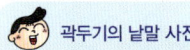
▲ 물체에 일을 하면 물체에 에너지가 저장돼.

**곽두기의 낱말 사전**

전환 바꿀 전(轉) 바꿀 환(換). 다른 방향이나 상태로 바꾼다는 뜻이야.

**나선애의 과학 사전**

질량 물체가 가지는 고유한 양을 말해. 장소가 달라져도 변하지 않아.

"화분을 위로 들어 올리면 화분에 위치 에너지가 저장돼."

동차가 움직이기 위해 기름에 저장된 에너지를 사용하는 것처럼 말이야. 이때에는 에너지가 일로 바뀌어. 그런데 반대로 물체에 일을 해 주면 일이 에너지로 바뀌어 물체에 저장돼."

"오, 정말 신기하네요!"

"이처럼 에너지는 일로, 일은 에너지로 서로 바뀔 수 있어. 이걸 일과 에너지는 서로 전환될 수 있다고 하지."

"일이 에너지로 바뀌면…… 물체에 일을 많이 할수록 에너지도 많이 저장돼요?"

"응. 그래서 물체를 들어 올릴 때 한 일의 양이 많을수록 위치 에너지도 커. 물체에 작용한 힘이 클수록, 물체가 이동한 거리가 길수록 일의 양이 많다는 것 기억하지?"

"네!"

"위치 에너지는 물체의 질량이 클수록 커. 물체는 질량이 클수록 무거운데, 무거운 물체를 들어 올릴 때에는 그만큼 큰 힘을 주어야 해서 한 일의 양이 많아. 그래서 물체의 높이가 같을 때에는 질량이 클수록 위치 에너지가 크지."

"오호, 그렇군요."

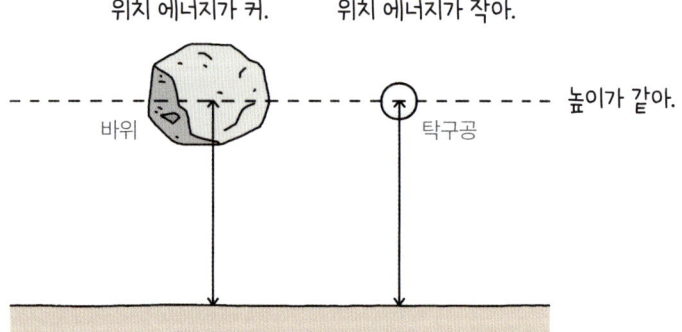
▲ 물체의 높이가 같으면 질량이 클수록 위치 에너지가 커.

"무거운 바위를 떨어뜨리면 땅이 움푹 꺼지지만, 같은 높이에서 가벼운 탁구공을 떨어뜨리면 땅이 전혀 꺼지지 않아. 이것도 바위와 탁구공의 질량이 달라 위치 에너지가 다르기 때문이야. 무거운 바위는 위치 에너지가 커서 땅 표면을 움직이는 일을 할 수 있지만, 가벼운 탁구공은 위치 에너지가 작아서 땅 표면을 움직이는 일을 못 하지."

▲ 질량이 큰 바위는 위치 에너지가 커서 땅이 움푹 꺼지게 하는 일을 할 수 있어.

나선애가 공책을 힐끗 보더니 물었다.

"일의 양은 물체가 이동한 거리에 따라서도 달라진다고 하셨잖아요. 그건 위치 에너지랑 상관이 없나요?"

"지금 막 그걸 말하려던 참이란다! 선애 말대로 물체가 이동한 거리가 길수록 한 일의 양이 많아서 위치 에너지도 커. 그래서 질량이 같을 때에는 물체의 높이가 높을수록 물체가 이동한 거리가 길어서 위치 에너지가 크지."

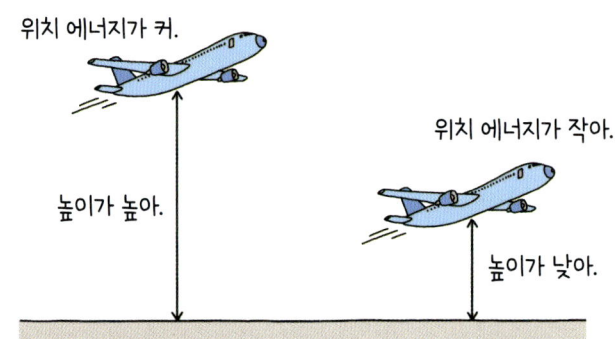

▶ 질량이 같으면 물체의 높이가 높을수록 위치 에너지가 커.

"그러니까 물체의 질량이 클수록, 높이가 높을수록 위치 에너지가 크네요?"

"그렇지!"

**핵심정리**

일은 에너지로, 에너지는 일로 서로 전환될 수 있어. 위치 에너지는 물체의 질량이 클수록, 높이가 높을수록 커.

---

 용선생의 과학 현미경

## 위치 에너지는 기준면에 따라 달라!

위치 에너지는 물체의 높이에 따라 다르다고 했지? 물체의 높이는 '기준면'을 어디로 정하느냐에 따라 달라져. 기준면은 물체의 높이나 깊이를 잴 때 기준으로 삼는 면을 말해.

예를 들어 높이 올려진 공은 책상을 기준면으로 할 때와 바닥을 기준면으로 할 때의 높이가 달라. 그래서 공의 위치 에너지도 책상을 기준면으로 할 때와 바닥을 기준면으로 할 때가 다르지. 바닥을 기준면으로 할 때 공의 높이가 더 높아서 위치 에너지도 더 커.

 ## 굴러가는 볼링공이 가지는 에너지는?

왕수재가 손을 번쩍 들고 물었다.

"롤러코스터의 비밀은 언제 알려 주실 거예요? 혹시 위치 에너지와 관련이 있어요?"

"곧 알게 될 테니 조금만 기다려 봐. 롤러코스터가 저절로 움직이는 건 '운동 에너지'와도 관련이 있어."

"운동 에너지요? 그건 뭐예요?"

"이 화면을 보렴!"

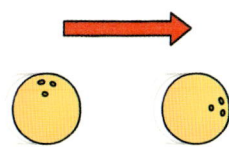   

◀ 굴러가는 볼링공은 핀을 쓰러뜨려 움직이는 일을 할 수 있어.

"와, 볼링이다!"

"굴러가는 볼링공은 에너지를 가지고 있어서 핀을 쓰러뜨려 움직이는 일을 할 수 있어. 볼링공이 굴러가는 것처럼 시간에 따라 물체의 위치가 변하는 걸 '운동'이라고 해."

"제가 아는 운동이랑은 뜻이 조금 다르네요. 축구 같은 게 운동 아닌가요?"

"하하, 지금 선생님이 말하는 운동은 스포츠 경기가 아니라 과학에서 말하는 운동이란다. 쉽게 말해서 물체가 한곳에 있지 않고 움직여 위치가 변하는 것을 말해."

"아하, 그렇군요."

"굴러가는 볼링공처럼 운동하는 물체는 에너지를 가지고 있어. 운동하는 물체가 가지는 에너지를 운동 에너지라고 해."

"움직이는 건 모두 운동 에너지를 가지고 있어요? 걸어가는 사람도요?"

"구름은요? 구름도 조금씩 움직이잖아요."

허영심이 창밖 하늘을 가리키며 물었다.

"걸어가는 사람, 하늘에 떠가는 구름 모두 운동 에너지를 가지고 있어. 달리는 자동차, 오르락내리락하는 롤러코스터도 운동 에너지를 가지고 있지."

용선생은 물을 한 모금 마시고 말을 이었다.

"우리 주위에는 운동 에너지를 이용해 일을 하는 경우가 많아. 계곡에서 래프팅을 할 때 보트가 물살을 타고 앞으로 나가지? 흐르는 물의 운동 에너지가 보트를 움직이는 일로 전환되어 보트가 움직이는 거야. 그리고 요트는 바람의 운동 에너지를 이용해 움직이지."

"물과 바람도 움직이니까 운동 에너지를 갖고 있군요!"

▲ 래프팅 보트는 물의 운동 에너지를, 요트는 바람의 운동 에너지를 이용해 움직여.

"그래. 래프팅을 할 때 물살이 빠를수록 보트가 많이 움직여. 또 볼링공은 빠르게 구를수록 핀을 많이 움직일 수 있지. 물체의 빠르기를 속력이라고 하는데, 운동 에너지는 속력이 클수록 크단다."

"사람도 걸어갈 때보다 뛰어갈 때 운동 에너지가 더 크겠네요?"

"그렇지! 운동 에너지는 물체의 속력뿐 아니라 질량에 따라서도 달라져. 예를 들어 탁구공은 볼링공과 같은 속력으로 굴러가도 볼링공처럼 핀을 쓰러뜨려 움직일 수 없어. 탁구공은 질량이 작아 운동 에너지가 작고, 볼링공은 질량이 커 운동 에너지가 크거든."

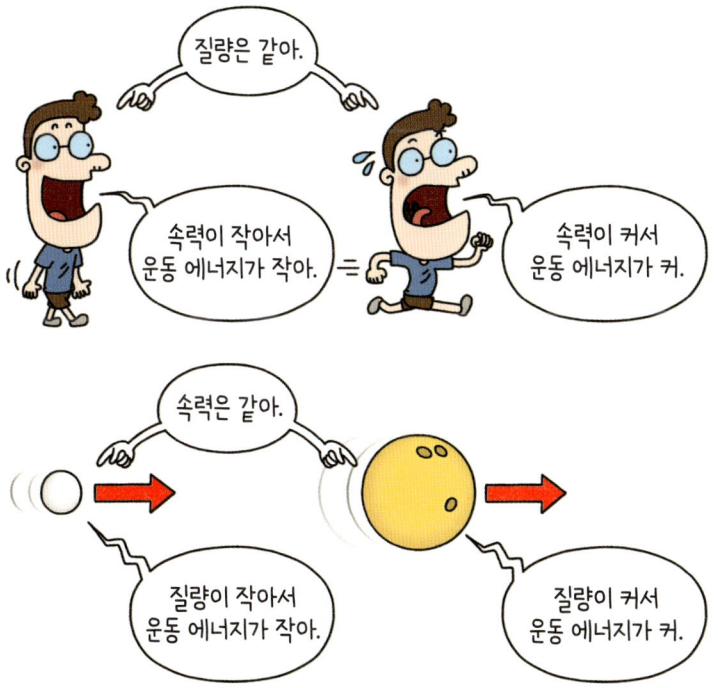

▲ 운동 에너지는 물체의 속력이 클수록, 질량이 클수록 커.

"질량이 클수록 운동 에너지도 크군요?"

"맞아. 정리하면 운동 에너지는 물체의 질량이 클수록, 속력이 클수록 크단다."

**핵심정리**

운동하는 물체가 가지는 에너지를 운동 에너지라고 해. 운동 에너지는 물체의 질량이 클수록, 속력이 클수록 커.

 ## 롤러코스터의 비밀!

그때 왕수재가 손을 번쩍 들었다.

"선생님, 롤러코스터는 높은 곳까지 오르락내리락하니까 위치 에너지, 운동 에너지 둘 다 갖고 있겠네요?"

"맞아. 이제 롤러코스터의 비밀을 파헤쳐 볼까? 모두 롤러코스터 한 번쯤은 타 봤지?"

"그럼요!"

"롤러코스터의 비밀은 롤러코스터의 위치 에너지와 운동 에너지가 서로 전환된다는 데 있어."

"에너지가 전환된다고요?"

"응. 롤러코스터가 내려올 때 롤러코스터의 속력이 어떻게 변하는지 기억하니?"

"네! 높은 곳에서 출발할 때에는 느린데, 내려오면서 엄청 빨라져요."

"그래서 내려올 때가 더 짜릿해요!"

"롤러코스터가 내려올 때 속력이 커지니까 운동 에너지는 어떻게 될까?"

"커져요!"

"그렇지. 반면에 롤러코스터의 높이가 점점 낮아지니까 위치 에너지는 어떻게 될까?"

"작아져요."

"맞아. 롤러코스터가 내려올 때 운동 에너지는 커지고 위치 에너지는 작아져. 이때에는 롤러코스터의 위치 에너지가 운동 에너지로 전환되는 거야."

"그럼 올라갈 때는요?"

"롤러코스터가 위로 올라갈 때에는 속력이 점점 어떻게 되지?"

"위로 올라갈수록 느려져요."

"맞아. 그러니까 운동 에너지는 점점 작아진 거야. 반대로 높이가 높아지니까 위치 에너지는

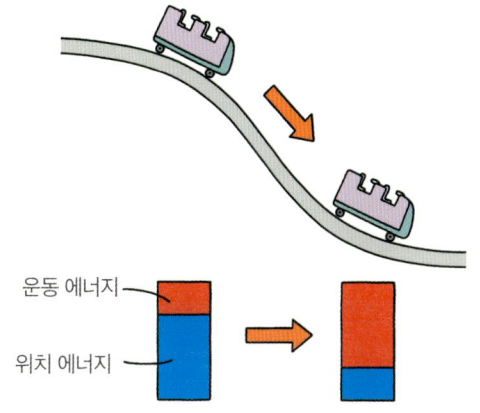

▲ 롤러코스터가 내려올 때에는 위치 에너지가 운동 에너지로 전환돼.

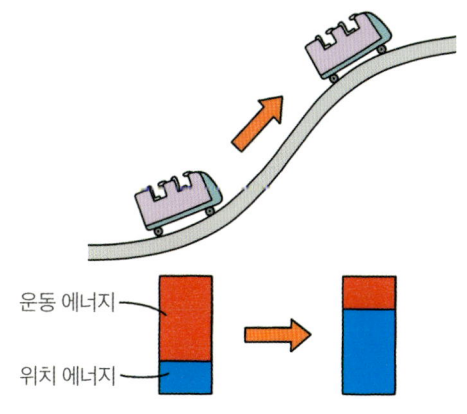

▲ 롤러코스터가 올라갈 때에는 운동 에너지가 위치 에너지로 전환돼.

점점 커져. 롤러코스터가 올라갈 때에는 운동 에너지가 위치 에너지로 전환돼."

"내려올 때와는 반대네요!"

"그래. 일과 에너지만 서로 전환되는 게 아니라 위치 에너지와 운동 에너지도 서로 전환돼. 운동 에너지와 위치 에너지가 서로 전환되는 걸 '역학적 에너지 전환'이라고 해. 역학적 에너지는 물체가 가진 위치 에너지와 운동 에너지의 합이란다."

"오, 역학적 에너지! 엄청 멋있는 이름이네요."

"위치 에너지와 운동 에너지가 서로 전환될 때 역학적 에너지의 양은 변하지 않고 일정해. 롤러코스터가 내려올 때에는 위치 에너지가 작아진 만큼 운동 에너지가 커지고, 롤러코스터가 올라갈 때에는 운동 에너지가 작아진 만큼 위치 에너지가 커지거든."

"하나가 작아진 만큼 다른 하나가 커지는군요?"

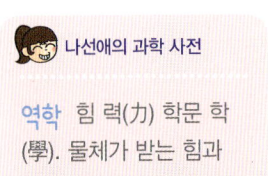

**나선애의 과학 사전**

**역학** 힘 력(力) 학문 학(學). 물체가 받는 힘과 물체의 운동에 관한 법칙을 연구하는 학문이야.

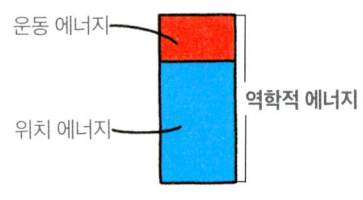

▲ 역학적 에너지는 위치 에너지와 운동 에너지의 합이야.

▼ 어느 위치에서나 역학적 에너지의 양은 일정해.

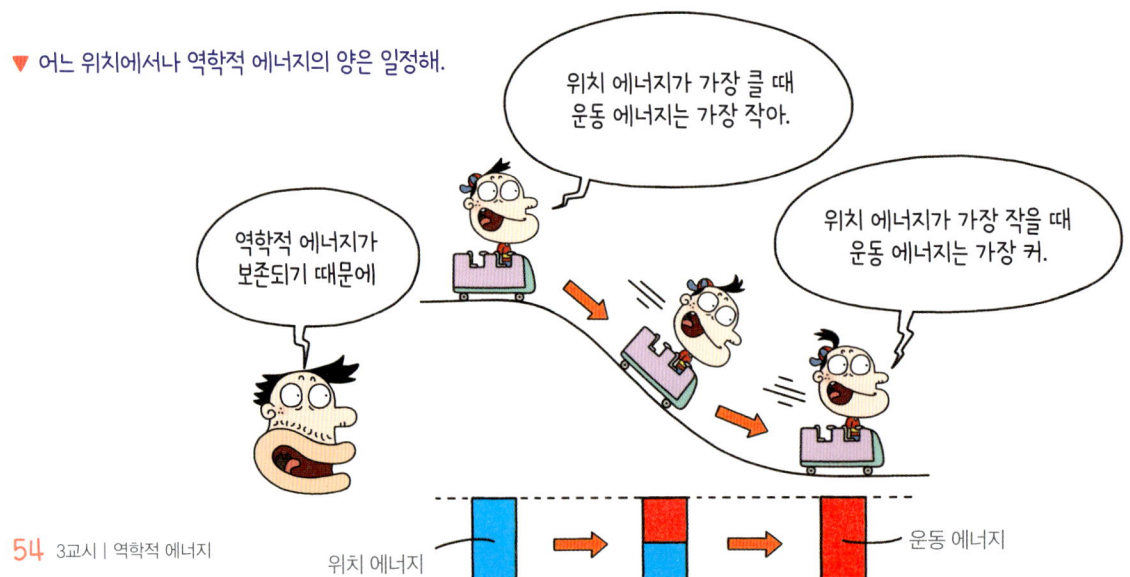

"그렇지! 그래서 그 둘을 합한 역학적 에너지의 양은 그대로야. 물체가 운동하는 동안 역학적 에너지의 양이 변하지 않고 항상 일정한 것을 '역학적 에너지 보존 법칙'이라고 해. 보존은 그대로 남아 있게 한다는 뜻이지."

"역학적 에너지의 양이 그대로 남아 있다는 뜻인가요?"

"맞아. 이게 바로 롤러코스터가 계속 오르락내리락할 수 있는 비밀이야. 롤러코스터는 위치 에너지를 운동 에너지로 전환하면서 아래로 내려가고, 다시 운동 에너지를 위치 에너지로 전환하면서 위로 올라가기를 반복해."

"오호, 롤러코스터의 비밀이 이제 풀렸어요."

"역학적 에너지가 보존되기 때문에 롤러코스터의 높이가 높을수록 롤러코스터가 바닥에 내려왔을 때 속력이 크단다."

"놀이기구의 원리를 과학 법칙으로 설명하니까 과학이 훨씬 재밌어졌어요!"

"하하! 과학을 배우다 보면 앞으로 더 재밌는 걸 알게 될 거야! 기대하라고!"

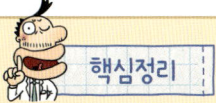

**핵심정리**

물체가 가진 위치 에너지와 운동 에너지의 합을 역학적 에너지라고 해. 위치 에너지와 운동 에너지는 서로 전환되는데, 이때 역학적 에너지의 양은 변하지 않고 항상 일정해.

# 나선애의 정리노트

### 1. 위치 에너지
① 높은 곳에 있는 물체가 가지는 에너지
② 물체의 질량이 클수록, ⓐ [          ] 가 높을수록 큼.
③ 위치 에너지의 이용: 물레방아

### 2. 운동 에너지
① 운동하는 물체가 가지는 에너지
② 물체의 ⓑ [          ] 이 클수록, 속력이 클수록 큼.
③ 운동 에너지의 이용: 래프팅 보트, 요트

### 3. 일과 에너지의 관계
① 일은 에너지로, 에너지는 일로 전환될 수 있음.

### 4. ⓒ [          ] 에너지
① 위치 에너지와 운동 에너지의 합
② 역학적 에너지 전환: 물체의 위치 에너지와 운동 에너지가 서로 전환되는 것
  · 롤러코스터가 내려올 때: ⓓ [          ] 에너지 → ⓔ [          ] 에너지
  · 롤러코스터가 올라갈 때: 운동 에너지 → 위치 에너지
③ 역학적 에너지 보존 법칙: 물체가 운동하는 동안 역학적 에너지의 양은 변하지 않고 항상 일정함.

ⓐ 높이 ⓑ 질량 ⓒ 역학적 ⓓ 위치 ⓔ 운동

# 과학퀴즈 달인을 찾아라!

●정답은 115쪽에

## 01

친구들이 이번 시간에 배운 내용에 대해 이야기하고 있어. 옳으면 O, 옳지 않으면 X를 표시해 줘.

① 물체의 높이가 높을수록 위치 에너지가 커. (    )
② 물체의 속력이 클수록 운동 에너지가 커. (    )
③ 위치 에너지와 운동 에너지는 서로 바뀌지 않아. (    )

## 02

허영심이 롤러코스터를 타러 놀이공원에 갔는데, 암호를 말해야만 롤러코스터를 탈 수 있대. 암호는 쪽지 안의 퀴즈를 풀면 알아낼 수 있다고 해. 영심이가 암호를 알아낼 수 있게 도와주자.

> **퀴즈** 롤러코스터의 위치 에너지가 가장 큰 곳부터 작은 곳의 숫자를 차례대로 나열할 때 나오는 숫자는?

👍 알았다! 암호는 ☐ ☐ ☐ ☐ ☐ ☐ 야!

4교시 | 에너지 전환

# 페달을 밟으면 빛이 나오는 까닭은?

와, 레일 바이크다! 한번 타 보자!

난 타기 싫은데….

**교과연계**

초 **6-2** 에너지와 생활
중 **3** 에너지 전환과 보존

페달을 밟으면 여기에서 빛이 나오는데도?

정말요? 어떻게요?

에너지 형태 — 에너지바
역학적 에너지

① 일과 에너지
② 
③ 
④ **에너지 전환**
⑤ 전기 에너지
⑥ 신재생 에너지

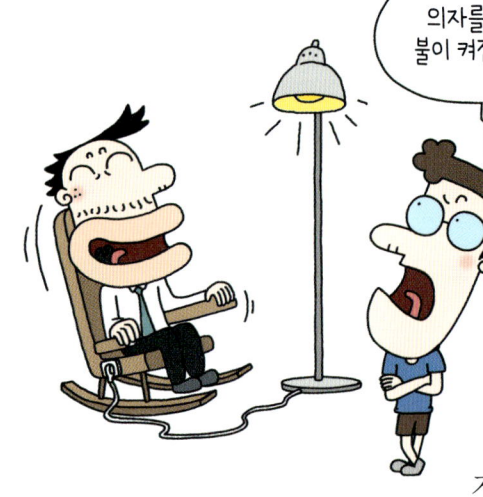

"흔들의자다!"

과학실에 들어선 나선애가 흔들의자를 가리키며 외쳤다. 용선생이 흔들의자에 앉아 열심히 의자를 흔들며 말했다.

"어때, 신기하지?"

"에이, 흔들의자가 흔들리는 게 뭐가 신기해요? 저희 집에도 있는걸요!"

왕수재가 심드렁한 목소리로 말했다. 그러자 용선생이 흔들의자에 연결된 전등을 가리키며 말했다.

"이 흔들의자는 좀 특별해. 이걸 흔들면 의자와 연결된 전등에 불이 켜지고, 휴대용 선풍기도 충전할 수 있거든."

"어라? 정말 불이 켜졌네요. 어떻게 하신 거죠?"

용선생이 흔들의자에서 벌떡 일어났다.

"좋아! 이제 수업을 시작해 볼까?"

## 흔들의자로 불을 켜는 원리는?

"이 의자를 흔들면 전기 에너지가 생겨. 너희들 지난 시간에 운동 에너지와 위치 에너지는 서로 전환될 수 있다고 했던 거 기억하지?"

"그럼요! 그래서 롤러코스터가 저절로 오르락내리락할 수 있는 거잖아요."

▲ 의자를 흔들면 전구에 불이 켜져.

"맞아. 그런데 역학적 에너지만 서로 전환되는 게 아니야. 전기 에너지, 열에너지, 빛에너지, 화학 에너지도 서로 다른 형태로 바뀔 수 있어. 에너지의 형태가 바뀌는 것을 '에너지 전환'이라고 해. 과학실 천장에 붙은 형광등에 불이 켜질 때에도 에너지가 전환되지."

아이들이 모두 과학실 천장에 붙은 형광등을 바라보았다.

"형광등은 전기가 있어야 켜져. 형광등을 켜면 빛에너지와 열에너지가 나온다고 했었지? 전기 에너지가 빛에너지와 열에너지로 전환되는 거야. 이처럼 우리가 사용하는 대부분의 전기 기구들은 전기 에너지를 다른 형태의 에너지로 전환한단다."

▲ 형광등은 전기 에너지를 빛에너지와 열에너지로 전환해.

허영심이 공책을 힐끗 보더니 말했다.

▲ 전기다리미는 전기 에너지를 열에너지로 전환해.

"지난번에 전자레인지도 전기 에너지, 빛에너지, 열에너지와 관련이 있다고 했어요."

"맞아. 전자레인지도 전기 에너지를 빛에너지와 열에너지로 전환하여 사용해."

"전기다리미는 켜 두면 뜨거워지니까 전기 에너지를 열에너지로 바꾸는 거죠?"

"맞아! 전기 에너지가 역학적 에너지로 전환되는 때도 있는데, 혹시 생각나는 게 있니?"

아이들이 고개를 가로젓자 용선생이 말했다.

"지난번에 배운 롤러코스터야. 롤러코스터를 처음 움직이게 할 때 전기 에너지를 이용하거든. 롤러코스터가 출발할 때 전기 에너지가 운동 에너지로 전환돼. 이처럼 놀이기구 중에 전기 에너지가 운동 에너지로 바뀌는 예가 또 있어. 이 사진을 볼래?"

"범퍼카네요?"

▲ 범퍼카는 전기 에너지를 운동 에너지로 전환해.

"그래. 범퍼카는 전기를 이용해 움직여. 전기 에너지를 운동 에너지로 전환하는 거지. 회전목마 등 놀이공원에 있는 놀이기구 대부분은 전기 에너지를 운동 에너지로 전환하여 사용한단다."

아이들이 고개를 끄덕이자 용선생이 말을 이었다.

"이번에는 화학 에너지가 어떻게 전환되는지 살펴보자. 음식이나 석탄, 석유 등에는 화학 에너지가 저장되어 있고, 우리는 화학 에너지를 다른 형태의 에너지로 바꿔 이용해. 혹시 생각나는 예가 있니?"

아이들이 잠시 생각에 잠겼다. 왕수재가 가장 먼저 손을 들었다.

"자동차요! 자동차는 기름을 써서 달리잖아요."

"맞아. 자동차가 달릴 때에는 기름에 저장된 화학 에너지가 자동차의 운동 에너지로 전환돼. 우리가 걷거나 달릴 때에도 마찬가지야. 우리가 먹은 음식 속에 저장된 화학 에너지가 우리 몸의 운동 에너지로 전환되지."

"화학 에너지는 항상 운동 에너지로만 전환돼요?"

"그렇지 않아. 겨울에 쓰는 손난로 알지? 손난로를 흔들면 안에 들어 있는 물질의 화학 에너지가 열에너지로 전환돼. 한편 전지는 화학 에너지를 전기 에너지로 전환하지. 어때, 화학 에너지가 꼭 운동 에너지로만 전환되는 건 아니지?"

"네! 화학 에너지는 참 여러 형태로 바뀌네요."

"반대로 다른 에너지가 화학 에너지로 바뀌기도

▲ 달리는 자동차는 화학 에너지를 운동 에너지로 전환해.

▲ 손난로를 흔들면 화학 에너지가 열에너지로 전환돼.

▲ 전지를 사용할 때에는 화학 에너지가 전기 에너지로 전환돼.

해. 나무가 햇빛을 받아 광합성을 하는 것이 대표적이야. 나무는 광합성을 통해 빛에너지를 화학 에너지로 전환해 몸속에 저장하지."

"혹시 흔들의자도 에너지를 전환하나요?"

왕수재가 흔들의자를 가리키며 물었다.

"맞아. 이 흔들의자는 의자를 흔들 때 생기는 운동 에너지를 전기 에너지로 전환하도록 만들어졌어."

"아하, 그래서 흔들의자로 전등도 켜고 휴대용 선풍기도 충전할 수 있는 거군요!"

"그래. 페달을 밟으면 빛이 나오는 레일 바이크도 마찬가지야. 운동 에너지를 전기 에너지로 전환하는 거지."

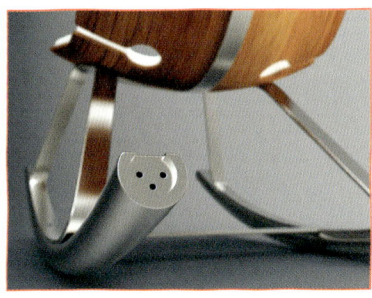 

▲ 흔들의자는 운동 에너지를 전기 에너지로 전환해.
▲ 레일 바이크는 운동 에너지를 전기 에너지로 전환해.

 **핵심정리**

에너지는 다른 형태로 바뀔 수 있어. 에너지의 형태가 바뀌는 것을 에너지 전환이라고 해.

## 에너지는 무엇으로부터 왔을까?

용선생이 박수를 짝 치고 말했다.

"이렇듯 에너지에는 다양한 형태가 있고, 에너지의 형태는 계속 바뀌어. 그렇다면 이런 질문이 생기지 않니? 에너지의 형태가 계속 바뀌었다면, 우리가 이용하는 에너지는 처음에 무엇으로부터 전환된 걸까?"

"흠…… 글쎄요?"

"우리가 생활에서 이용하는 에너지는 대부분 태양의 빛에너지가 전환된 거야."

"태양의 빛에너지요? 상상이 잘 안 돼요."

나선애가 고개를 갸우뚱하자 용선생이 물었다.

"선애야, 오늘 아침에 어떻게 학교에 왔지?"

"걸어서요."

"선애가 걸을 때의 운동 에너지는 무엇으로부터 왔을까?"

"아침에 먹은 음식의 화학 에너지죠!"

"맞아. 우리가 먹는 음식 재료에는 식물도 있고, 식물을 먹이로 먹는 동물도 있어. 결국 우리는 식물에 저장된 화학 에너지를 운동 에너지로 전환하여 사용한 셈이지. 그런데 식물은 광합성을 통해 화학 에너지를 얻어. 식물이 광

**용선생의 과학 현미경**

화산이나 지진처럼 태양의 빛에너지가 아닌 다른 것으로부터 얻는 에너지도 있어.

합성을 하려면 무엇이 필요하지?"

"햇빛이요!"

"아하, 아침에 제가 걸을 때의 운동 에너지는 태양의 빛에너지로부터 온 게 맞네요!"

이때 왕수재가 과학실 벽의 콘센트를 가리키며 말했다.

"전기 에너지도 일상생활에서 많이 쓰잖아요. 전기 에너지도 태양의 빛에너지로부터 온 거예요?"

"응, 차근차근 따져 보자. 전기 에너지는 발전소에서 만들어져. 예를 들어 수력 발전소에서는 높은 곳에 있는 물의 위치 에너지를 이용하여 전기 에너지를 만들어. 수력 발전소의 물은 어디에서 왔을까?"

"아마도 하늘에서 비나 눈이 내렸겠죠?"

"맞아. 그럼 비나 눈은 어떻게 생겨났을까?"

"구름이 끼고 날씨가 흐려야 비가 오던데……."

장하다가 창밖을 내다보며 말했다.

"그래. 구름이 있어야 비가 와. 구름은 공기 속 수증기가 물방울이나 얼음 알갱이로 변해서 만들어져. 공기 속 수증기는 바닷물이나 강물이 햇빛 때문에 증발하여 생기지."

"오호, 결국 햇빛 때문에 바닷물이 증발해서 수증기가 되고, 수증기가 구름이 되었다가 비가 되어 땅에 내리는

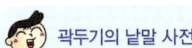

곽두기의 낱말 사전

**발전소** 일으킬 발(發) 전기 전(電) 곳 소(所). 전기를 만드는 시설을 갖춘 곳을 말해.

▲ 수력 발전소는 물의 위치 에너지를 전기 에너지로 전환해.

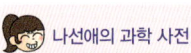

나선애의 과학 사전

**증발** 액체 표면에서 액체가 기체로 변하는 현상이야.

거네요?"

"그렇지! 수력 발전소에서는 이렇게 육지에 내린 물을 이용해 전기 에너지를 만들어. 그러니까 태양의 빛에너지가 물의 위치 에너지로, 물의 위치 에너지가 전기 에너지로 전환되는 거야. 우리는 이렇게 얻은 전기 에너지를 다시 빛에너지나 열에너지 등으로 바꾸어 사용하지."

"오호, 그러고 보니 태양의 빛에너지가 없으면 우린 아무것도 못 하겠네요!"

▲ 태양의 빛에너지가 전환되는 과정

 핵심정리

우리가 생활에서 이용하는 에너지는 대부분 태양의 빛에너지가 전환된 거야.

##  에너지 보존 법칙!

"마지막으로 중요한 사실을 알려 줄게. 지난번에 역학적 에너지가 전환될 때 역학적 에너지의 전체 양은 변하지 않고 항상 일정하다고 했던 거 기억나지? 위치 에너지가 작아진 만큼 운동 에너지는 커지고, 위치 에너지가 커진 만큼 운동 에너지는 작아진다는 것 말이야."

"네! 그래서 롤러코스터가 저절로 오르락내리락할 수 있는 거잖아요."

"맞아. 역학적 에너지뿐 아니라 다른 형태의 에너지가 전환될 때에도 에너지는 새로 생기거나 사라지지 않아. 아무리 에너지가 전환되더라도 에너지의 총량은 항상 일정하게 보존되는데, 이걸 '에너지 보존 법칙'이라고 해."

아이들이 고개를 갸우뚱하는데, 곽두기가 얼른 손을 들고 아는 체를 했다.

"총량은 전체 양이란 뜻이죠?"

"그래. 전등을 예로 들어 볼까? 전등에 불을 켜면 전기 에너지가 빛에너지와 열에너지로 전환되지? 이때 전기 에너지는 중간에 어디론가 사라지지 않고, 빠짐없이 빛에너지와 열에너지로 전환돼. 전환된 빛에너지와 열에너지의 양을 더하면 전기 에너지의 양과 같지."

"아하, 에너지의 형태가 변해도 각 에너지를 모두 더한 전체 양은 그대로군요!"

"맞아. 한 가지 더! 사실 롤러코스터의 역학적 에너지는 마찰이 없어서 열에너지가 생기지 않을 때에만 보존돼. 실제로는 롤러코스터 바퀴와 트랙 사이에 마찰이 있어서 역학적 에너지의 일부가 열에너지나 다른 형태의 에너지로 전환돼. 그래서 역학적 에너지는 처음보다 줄지."

▲ 에너지가 전환될 때 에너지의 총량은 변하지 않아.

"마찰이 있으면 에너지가 보존되지 않는 거예요?"

"역학적 에너지는 보존되지 않지만 열에너지와 역학적 에너지를 더한 값은 변하지 않고 항상 일정하단다."

"아하! 역학적 에너지는 줄지만, 역학적 에너지에 열에너지를 더한 전체 에너지는 보존된다는 거군요?"

"그렇지!"

"에너지 보존 법칙, 알고 보면 간단하네요!"

###  곽두기의 낱말 사전

**마찰** 문지를 마(摩) 문지를 찰(擦). 두 물체가 서로 닿아 비벼지는 것을 말해.

###  용선생의 과학 현미경

롤러코스터가 오르락내리락할 때 삐걱거리는 소리가 나는데, 소리에도 에너지가 있어. 이걸 소리 에너지라고 해. 역학적 에너지의 일부는 열에너지뿐 아니라 소리 에너지로도 바뀌어.

 핵심정리

에너지가 전환될 때 에너지는 새로 생기거나 사라지지 않아서 에너지의 총량은 항상 일정하게 보존돼. 이를 에너지 보존 법칙이라고 해.

## 1. 에너지 전환

① 에너지의 형태가 바뀌는 것

② 에너지 전환의 예
- 불이 켜진 형광등: ⓐ □ 에너지 → 빛에너지, 열에너지
- 움직이는 범퍼카: 전기 에너지 → ⓑ □ 에너지
- 달리는 자동차: ⓒ □ 에너지 → 운동 에너지
- 광합성을 하는 나무: ⓓ □ 에너지 → 화학 에너지

③ 우리가 생활에서 이용하는 에너지는 대부분 ⓔ □ 의 빛에너지가 전환된 것임.

## 2. 에너지 보존 법칙

① 에너지가 전환될 때 에너지는 새로 생기거나 사라지지 않고 그 총량이 항상 일정하게 보존됨.

[예] 전기 에너지가 빛에너지와 열에너지로 전환될 때 전기 에너지의 양은 빛에너지와 열에너지의 양을 더한 것과 같음.

ⓐ 전기 ⓑ 운동 ⓒ 화학 ⓓ 빛 ⓔ 태양

# 과학퀴즈  달인을 찾아라!

●정답은 115쪽에

## 01

친구들이 이번 시간에 배운 내용에 대해 이야기하고 있어. 옳으면 O, 옳지 않으면 X를 표시해 줘.

① 에너지 형태가 바뀌는 걸 에너지 전환이라고 해. (    )

② 에너지가 전환되고 나면 에너지의 총량이 줄어. (    )

③ 우리가 이용하는 에너지는 대부분 태양의 빛에너지가 전환된 거야.
 (    )

## 02

아래 그림 속 에너지 전환 과정 중에서 ☐ 안에 화학 에너지가 포함되지 않은 경우를 찾아 동그라미로 표시해 줘.

☐ → 운동 에너지

빛에너지 → ☐

☐ → 운동 에너지

☐ → 운동 에너지

|  | 용선생의 과학 카페 | 용선생의 한국사 카페 | 용선생의 세계사 카페 | ＋ |

https://cafe.naver.com/yongyong

## 용선생의 과학 카페

과학계의 핵인싸,
용선생의 과학 카페에
오신 걸 환영합니다.

Log in

MENU

물리면 아프다
화학이 화하하
생물 오징어
지구는 둥글다

## 꼬리에 꼬리를 무는 에너지 전환!

골드버그 장치라고 들어 본 적 있니? 골드버그 장치는 매우 단순한 일을 여러 가지 복잡한 과정을 거쳐서 하도록 만들어진 장치를 말해. 미국의 만화가 루브 골드버그(1883년~1970년)가 그린 '루브 골드버그의 발명품'이라는 만화에 처음 등장했지. 아마 영화나 텔레비전에서 한 번쯤 본 적이 있을 거야.

▲ 루브 골드버그가 그린 장치  수레를 밀면 여러 과정을 거쳐 자동으로 부채질이 돼.

골드버그 장치는 빗면, 지레, 톱니바퀴, 도르래처럼 단순한 일을 하는 도구들로 이루어져 있어. 처음 작동할 때에는 장치를 움직이는 일을 해야 하지만, 그다음부터는 일과 에너지 전환을 이용하여 여러 부품이 자동으로 차례차례 움직이지.

골드버그 장치는 단순한 일을 복잡하게 실행하기 때문에 실용성은 없어. 하지만 과학적 상상력을 불러일으킬 수 있어서 미국에서는 매년 골드버그 장치 대회가 열리고 있어.

◀ 구글 본사에 있는 골드버그 장치

예술 작품 중에도 에너지 전환을 이용하는 게 있어. 바로 키네틱 아트야. 키네틱 아트는 작품의 일부나 전체가 움직이는 예술 작품을 말해. 네덜란드의 예술가 테오 얀센의 《해변 동물》은 에너지 전환을 이용하는 대표적인 예술 작품이야.

▲ **해변 동물** 테오 얀센이 네덜란드 헤이그 근처의 해변에 전시한 작품이야.

《해변 동물》은 전기 모터를 사용하지 않고 바람의 에너지를 이용해 다리를 움직여 이동하는데, 그 모습이 마치 동물이 걷는 것처럼 보여. 그뿐 아니라 바람이 불지 않을 때를 대비해 페트병에 공기를 저장하였다가, 바람이 없을 때 공기를 내보내 움직여. 어때? 과학과 예술이 만나면 근사한 작품이 나오지?

+ 장하다의 오답을 피하는 방법
나선애의 야무진 실험실
왕수재의 아는 척 과학교실
허영심의 별 헤는 밤
곽두기의 빅뱅 따라잡기

### COMMENTS

- 골드버그 장치가 작동하는 걸 직접 보고 싶다!
  ㄴ 우리도 나중에 대회에 참가하는 건 어때?
  ㄴ 좋아, 콜!

5교시 | 전기 에너지

# 형광등을 엘이디등으로 바꾸는 까닭은?

와, 전등이 엄청 예뻐!

엘이디등이야! 요즘은 형광등 대신 저걸 많이 쓰지!

"선생님, 거기서 뭐 하세요?"

과학실 천장의 형광등을 만지고 있는 용선생을 향해 나선애가 외쳤다.

"과학실 형광등을 엘이디(LED)등으로 바꾸는 중이야."

"왜요? 전구가 망가졌어요?"

"아니, 엘이디등을 쓰면 전기 에너지가 절약되거든!"

"정말요? 왜요?"

 **전기 에너지는 어떻게 만들어질까?**

"좋아. 선애의 궁금증도 해결할 겸 오늘 수업 주제는 전기 에너지다! 전기 에너지가 어떻게 만들어지는지부터 알

아보자. 전기 에너지를 어디에서 만든다고 했지?"

"발전소요!"

"맞아. 발전소에는 발전기라는 장치가 있어. 발전기를 돌리면 전기 에너지가 생기지."

"발전기를 어떻게 돌려요? 사람이요?"

장하다가 허공에서 팔을 크게 휘두르며 물었다.

▲ 발전기

"하하하, 사람이 돌리는 힘으로는 부족해. 발전기를 돌리는 방법에는 여러 가지가 있어. 먼저 수력 발전은 높은 곳에 있는 물을 떨어뜨려 발전기를 돌려. 물의 위치 에너지를 발전기의 운동 에너지로 전환하는 거야. 발전기가 돌아가면 발전기의 운동 에너지는 전기 에너지로 전환돼."

 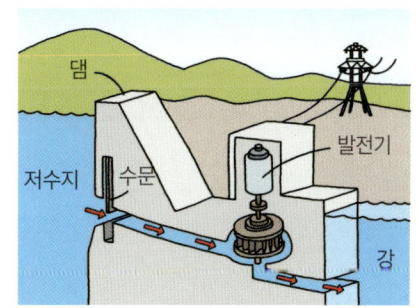

▲ 수력 발전 높은 곳에서 떨어지는 물로 발전기를 돌려 전기 에너지를 만들어.

"오, 기억나요! 수력 발전은 물의 위치 에너지를 이용하여 전기 에너지를 만든다고 했어요."

"잘 기억하고 있구나. 한편 화력 발전은 석탄, 석유와 같은 연료를 태워 물을 끓이고, 이때 생기는 증기로 발전기를 돌려. 연료의 화학 에너지를 열에너지와 운동 에너지로 전환하여 전기 에너지를 얻는 거지."

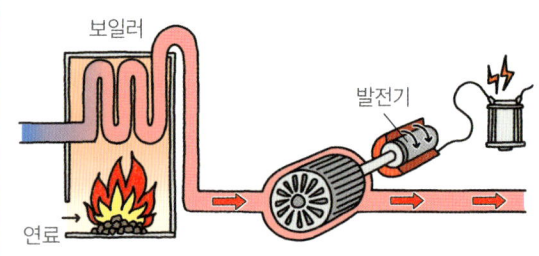

▲ 화력 발전  연료를 태워 물을 끓인 뒤, 이때 생긴 증기로 발전기를 돌려 전기 에너지를 만들어.

### 용선생의 과학 현미경

## 발전기 속에는 뭐가 들어 있을까?

▲ 코일

모든 발전기에는 자석과 코일이 들어 있어. 코일은 전선을 여러 번 감아 놓은 거야. 자석과 코일로 어떻게 전기 에너지를 만드는 걸까?

방법은 아주 간단해. 자석 사이에 코일을 놓고 회전시키는 거야. 코일이 자석 주위에서 움직이거나, 자석이 코일 주위에서 움직이면 전기 에너지가 생기거든.

흔들면 전등에 불이 켜지는 흔들의자 안에도 자석과 코일이 들어 있어서 의자를 흔들면 전기 에너지가 생겨 전등에 불이 켜지는 거지.

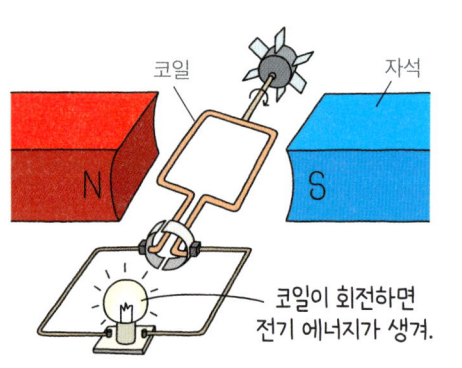

코일이 회전하면 전기 에너지가 생겨.

▲ 발전기의 원리

(좀 더 자세히 들여다볼까?)

아이들이 고개를 끄덕이자 용선생이 말을 이었다.

"혹시 차를 타고 가다가 커다란 날개가 돌아가는 걸 본 적 있니? 바람이 불 때 바람의 운동 에너지를 이용하여 발전기를 돌리기도 하는데, 이게 바로 풍력 발전이야."

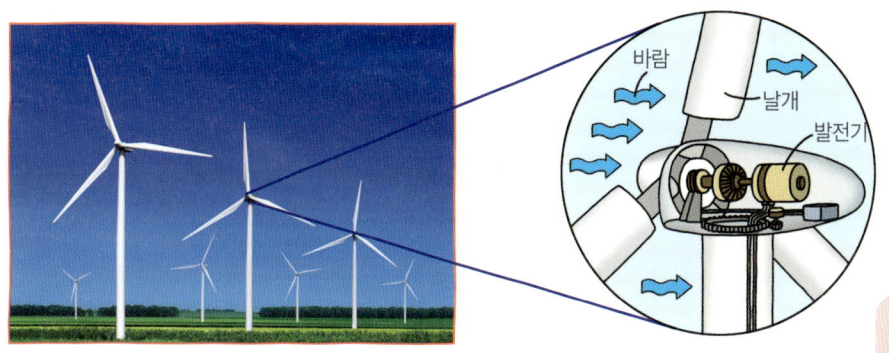

▲ **풍력 발전** 바람의 운동 에너지를 이용해 발전기를 돌려 전기 에너지를 만들어.

"아하! 전에 시골에 갈 때 본 적이 있는데, 그게 전기 에너지를 만드는 거였군요."

"이렇게 발전소에서 만든 전기 에너지가 송전선을 통해 집, 학교, 회사로 전달되면, 우리는 전기 에너지를 다시 빛에너지, 열에너지, 운동 에너지 등으로 전환하여 사용하지."

**나선애의 과학 사전**

**송전선** 보낼 송(送) 전기 전(電) 선 선(線). 발전소에서 만들어진 전기 에너지를 각 지역으로 보내기 위해 설치한 전선이야.

▼ **송전탑** 송전선을 잇기 위해 세워진 철탑이야.

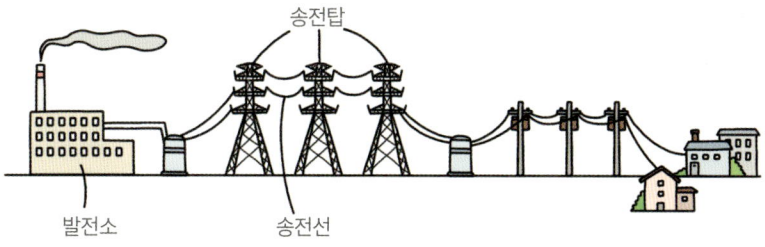

▲ 발전소에서 만들어진 전기 에너지가 우리에게 전달되는 과정

"에너지 중에 전기 에너지를 제일 많이 사용하는 거 같아요. 전기가 없으면 거의 아무것도 못 하잖아요."

"맞아요. 텔레비전도 못 보고, 컴퓨터도 못 하고요."

"그래. 우리가 일상생활에서 사용하는 에너지는 대부분 전기 에너지를 전환한 거야. 전기 에너지는 다른 에너지에 비해 먼 거리를 운반하거나 여러 곳으로 나누어 보내기가 쉬워. 또 비교적 안전하고 환경에 피해도 없는 편이지. 무엇보다 다른 에너지로 전환할 때 낭비되는 에너지가 적어서 전기 에너지를 가장 많이 사용한단다."

> **핵심정리**
> 수력 발전은 물의 위치 에너지를, 화력 발전은 연료의 화학 에너지를, 풍력 발전은 바람의 운동 에너지를 이용해 전기 에너지를 만들어.

## 엘이디등을 쓰면 뭐가 좋을까?

용선생이 아이들을 둘러본 뒤 말을 이었다.

"이제 형광등 대신 엘이디등을 쓰면 에너지가 절약되는 까닭을 알아보자."

"빨리 알려 주세요! 정말 궁금해요!"

"선풍기와 에어컨을 같은 시간 동안 사용하면 언제 전기 요금이 더 많이 나오지?"

"에어컨을 쓸 때요."

"맞아요. 전에 에어컨을 너무 오래 켜서 전기 요금 많이 나온다고 엄마한테 혼났어요."

"하하, 그랬구나. 똑같은 시간을 사용해도 에어컨은 선풍기보다 전기 에너지를 더 많이 써. 그래서 전기 요금도 더 많이 나오지. 전기 기구마다 같은 시간 동안 사용하는 전기 에너지의 양이 다른데, 이걸 숫자로 나타낸 게 '소비 전력'이야. '소비'는 어떤 것을 써서 없앤다는 뜻이야."

"같은 시간이면…… 얼마요?"

"1초! 소비 전력은 전기 기구가 1초 동안 사용하는 전기 에너지의 양이야. 단위로는 W(와트)를 사용하지."

"소비 전력이 클수록 전기 에너지를 많이 쓰겠네요?"

 **용선생의 과학 현미경**

와트는 전력의 단위로, 영국의 기술자 제임스 와트(1736년~1819년)의 이름에서 따왔어. 제임스 와트는 증기 기관을 크게 발전시켰어. 증기 기관은 물을 끓여 만든 증기의 열에너지를 역학적 에너지로 바꾸는 장치야.

▲ 제임스 와트

| 노트북 60 W | 텔레비전 70 W | 전기 자전거 350 W | 헤어드라이어 1,200 W |

▲ **여러 전기 기구의 소비 전력** 제품에 따라 실제 소비 전력은 조금씩 달라.

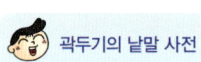

**곽두기의 낱말 사전**

**성능** 성질 성(性) 능할 능(能). 기계가 지닌 성질이나 기능을 말해.

"그렇지! 에어컨은 선풍기보다 소비 전력이 몇십 배 커. 그래서 에어컨을 사용하면 같은 시간 동안 선풍기를 사용할 때보다 전기 에너지를 훨씬 많이 쓰게 돼. 전기 에너지를 많이 쓰니까 전기 요금도 더 많이 나오는 거고."

"근데 에어컨을 틀면 훨씬 더 시원하잖아요."

"맞아. 선풍기와 에어컨은 성능이 다르니까 말이야. 그런데 성능이 같아도 소비 전력은 다를 수 있어. 백열등, 형광등, 엘이디등이 바로 그 예야. 백열등, 형광등, 엘이디등은 모두 빛을 내는 전기 기구이지만, 같은 밝기의 빛을 낼 때 소비 전력이 달라. 백열등의 소비 전력이 가장 크고, 엘이디등의 소비 전력이 가장 작지."

▲ 백열등(왼쪽), 형광등(가운데), 엘이디등(오른쪽)

"밝기가 같아도 백열등은 다른 것보다 전기 에너지를 더 쓴다는 거예요?"

"그렇지!"

"왜 그런 거예요?"

"전등을 켜면 전기 에너지가 빛에너지로만 전환되는 게 아니라 일부는 열에너지로 바뀐다는 거 기억하지?"

"오, 기억나요! 전등은 전기 에너지를 빛에너지와 열에너지로 전환한다고 배웠어요."

"그런데 이때 생긴 열에너지는 우리가 사용하지 않는 쓸모없는 에너지야."

"하긴, 어둠을 밝히려고 전등을 켜지, 주변을 따뜻하게 하려고 전등을 켜진 않으니까요."

"전등을 켤 때 열에너지가 생기는 것과 엘이디등의 소비 전력이 작은 게 관련이 있어요?"

"응. 엘이디등은 백열등보다 열에너지가 조금 생겨. 전기 에너지가 100이 있으면 엘이디등은 그중 90을 빛에너지로 전환하고, 나머지 10을 열에너지로 전환해."

"오호, 엘이디등은 전기 에너지 대부분을 빛에너지로 바꾸네요!"

"한편 형광등은 전기 에너지 100 중 40~50을 빛에너지로 전환해. 백열등은 5 정도만 빛에너지로 전환하지. 전기 에너지의 대부분을 열에너지로 낭비하는 셈이야."

**용선생의 과학 현미경**
낭비되는 전기 에너지를 줄이기 위해 우리나라는 2014년부터 백열등의 생산과 수입을 금지했어.

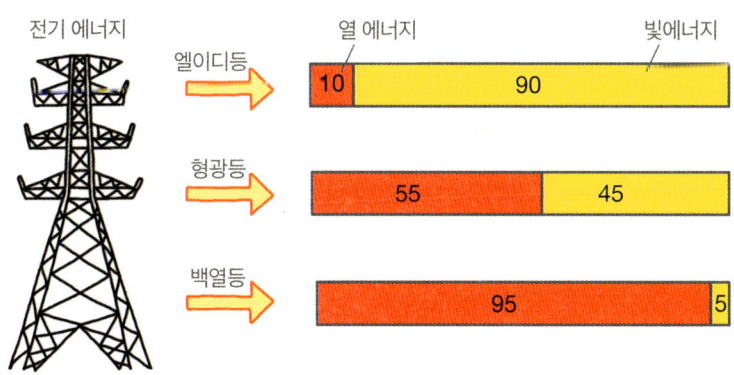

▲ 엘이디등은 전기 에너지 대부분을 빛에너지로, 백열등은 대부분을 열에너지로 전환해.

"헉, 겨우 5밖에 안 된다고요?"

"그럼 나머지 95는 열에너지로 바뀌는 거예요?"

"응. 그래서 소비 전력이 같을 때 백열등이 형광등이나 엘이디등보다 훨씬 뜨겁고, 어두워."

"와, 백열등은 사용하는 에너지보다 버리는 에너지가 훨씬 많네요!"

"그렇단다. 백열등이 엘이디등과 같은 밝기의 빛을 내려면 전기 에너지가 훨씬 많이 필요해. 그래서 밝기가 같은 전등을 비교했을 때 백열등의 소비 전력이 가장 크고, 엘이디등의 소비 전력이 가장 작지."

"아하, 그래서 과학실 전등을 엘이디등으로 바꾸신 거군요! 엘이디등은 소비 전력이 작아 전기 에너지를 조금 쓰니까요."

"그렇지!"

"저희 집 형광등도 엘이디등으로 바꿔야겠어요. 그럼 낭비되는 에너지를 줄일 수 있겠죠?"

### 핵심정리

소비 전력은 전기 기구가 1초 동안 사용하는 전기 에너지의 양이야. 단위로 W(와트)를 사용해. 밝기가 같을 때 엘이디등은 백열등보다 소비 전력이 작아.

## 전기 에너지를 아끼려면?

"그래. 하지만 전등만 전기 에너지를 불필요한 에너지로 전환하는 건 아니란다. 전기 기구를 사용할 때에는 항상 낭비되는 에너지가 있어. 선풍기나 진공청소기를 사용하다 보면 뜨거워지고 시끄럽게 소리도 나는데, 이때에도 전기 에너지 일부가 쓸모없는 에너지로 전환되는 거야."

"오, 생각해 보니 냉장고도 그래요! 냉장고 옆이나 뒤를 만져 보면 따뜻하거든요. 냉장고가 따뜻해질 필요는 없으니까 이때 생긴 열에너지도 쓸모없는 에너지예요."

"이렇듯 전기 기구가 전기 에너지를 쓸모없는 에너지로 낭비하지 않고 얼마나 효율적으로 사용하는지를 나타내는 말이 있어. 바로 '에너지 효율'이야. 엘이디등은 에너지 효율이 높아서 적은 양의 전기 에너지로도 밝은 빛을 내지. 반면 백열등은 버리는 전기 에너지의 양이 많아. 이런 전기 기구는 에너지 효율이 낮다고 말해."

"에너지 효율이 높을수록 좋은 거죠?"

"응. 에너지 효율이 높은 전기 기구일수록 불필요하게 손실되는 에너지의 양이 적어 낭비를 줄일 수 있지."

"근데 에너지 효율이 높은 전기 기구인지 어떻게 알죠?"

**곽두기의 낱말 사전**
효율 들인 노력과 얻은 결과를 비교한 거야. 들인 노력에 비해 얻은 결과가 클수록 효율이 높아.

**곽두기의 낱말 사전**
손실 덜 손(損) 잃을 실(失). 무언가 잃어버리거나 줄어들어 손해를 본다는 뜻이야.

▲ 에너지 소비 효율 등급 1등급 제품을 사용하면 5등급 제품을 사용할 때보다 에너지를 $\frac{1}{3}$ 정도 아낄 수 있어.

"이 사진을 볼래? 혹시 전기 기구에 이런 표시가 붙어 있는 걸 본 적 있니?"

"네! 저희 집 냉장고에도 붙어 있어요!"

"1부터 5까지 숫자가 적혀 있지? 에너지 효율이 높은 정도를 1등급부터 5등급까지 5개의 등급으로 나누어 표시한 거야. 이걸 보면 전기 에너지를 얼마나 효율적으로 이용하는 전기 기구인지 금방 알 수 있어."

"1등급이 좋은 거예요, 5등급이 좋은 거예요?"

"1등급에 가까울수록 전기 에너지를 효율적으로 사용하는 거야. 5등급에 가까울수록 손실되는 에너지의 양이 많은 거고."

"에너지를 아끼려면 숫자가 작은 제품을 써야겠군요!"

그러자 허영심이 실망스러운 표정으로 말했다.

"근데 이미 산 건 어쩔 수 없겠네요."

"하하, 실망하긴 일러. 전기 에너지를 아끼는 방법이 그것만 있는 건 아니거든. 혹시 '대기 전력'이라는 말 아니?"

"그게 뭐예요?"

"텔레비전 전원을 끄기만 하고 플러그를 콘센트에 그대로 꽂아 두는 경우가 있지? 이렇게 플러그를 콘센트에 꽂아 두면 전원을 꺼도 소비되는 전기 에너지가 있어."

"전원이 꺼져 있어도 에너지가 소비된다고요?"

"응. 겉으로는 꺼진 것처럼 보이지만, 켰을 때 바로 작동하기 위해 주요 부품들이 켜진 채로 항상 대기하고 있거든. 이때 소비되는 전력을 대기 전력이라고 해. 평소에 플러그를 콘센트에서 뽑아 두면 대기 전력을 줄여 전기 에너지를 아낄 수 있어."

▲ 전원을 꺼도 플러그를 꽂아 두면 전기 에너지가 소비돼.

▲ 플러그를 콘센트에서 뽑아 놓으면 대기 전력으로 낭비되는 에너지가 없어 전기 에너지를 절약할 수 있어.

"전기 에너지를 만드는 방법부터 절약하는 방법까지…… 이제 전기 에너지에 대해서는 모르는 게 없는 것 같아요!"

허영심의 말에 용선생이 흐뭇한 미소를 지었다.

 핵심정리

에너지 효율이 높은 전기 기구를 사용하고 대기 전력을 줄이면 전기 에너지를 아낄 수 있어.

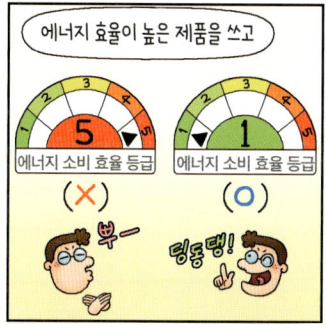

# 나선애의 정리노트

## 1. 전기 에너지를 만드는 방법
① 발전기를 돌리면 <mark>발전기의 운동 에너지가 전기 에너지로 전환</mark>됨.
② 발전기를 돌리는 방법
- <mark>수력 발전: 높은 곳에 있는 물의 위치 에너지를 이용</mark>
- ⓐ_____ <mark>발전: 연료의 화학 에너지를 이용</mark>
- ⓑ_____ <mark>발전: 바람의 운동 에너지를 이용</mark>

## 2. 소비 전력
① <mark>전기 기구가 ⓒ_____ 동안 사용하는 전기 에너지의 양</mark>
② <mark>단위: ⓓ___ (와트)</mark>
③ 소비 전력이 클수록 전기 에너지를 많이 씀.
④ 밝기가 같을 때 소비 전력이 큰 순서
- 백열등 > 형광등 > 엘이디등

## 3. 전기 에너지를 절약하는 방법
① <mark>에너지 효율이 높은 제품을 사용하기</mark>
- 에너지 소비 효율 등급이 1등급에 가까울수록 에너지 효율이 높음.
② <mark>ⓔ_____ 을 줄이기</mark>
- 전기 기구를 사용하지 않을 때에는 플러그를 콘센트에서 뽑아 놓음.

ⓐ 화력 ⓑ 풍력 ⓒ 1초 ⓓ W ⓔ 대기 전력

 # 과학퀴즈 달인을 찾아라!

●정답은 115쪽에

## 01

친구들이 이번 시간에 배운 내용에 대해 이야기하고 있어. 옳으면 O, 옳지 않으면 X를 표시해 줘.

① 소비 전력은 전기 기구가 1초 동안 사용하는 열에너지의 양이야. (    )

② 소비 전력의 단위는 km(킬로미터)야. (    )

③ 에너지 소비 효율 등급의 숫자가 작을수록 에너지 효율이 높아. (    )

## 02

다음 보기의 괄호 속에 들어갈 낱말들이 네모 칸에 숨어 있어. 가로, 세로, 대각선으로 연결해서 괄호에 들어갈 낱말을 찾아봐.

> 보기
> ① 수력 발전은 물의 (     ) 에너지를 이용하여 전기 에너지를 만들어.
> ② 화력 발전은 연료의 (     ) 에너지를 이용하여 전기 에너지를 만들어.
> ③ 풍력 발전은 바람의 (     ) 에너지를 이용하여 전기 에너지를 만들어.

| 절 | 약 | 위 | 김 |
|---|---|---|---|
| 운 | 동 | 기 | 치 |
| 전 | 기 | 화 | 소 |
| 열 | 빛 | 학 | 리 |

## 용선생의 과학 카페 | 용선생의 한국사 카페 | 용선생의 세계사 카페

https://cafe.naver.com/yongyong

### 용선생의 과학 카페

과학계의 핵인싸,
용선생의 과학 카페에
오신 걸 환영합니다.

[ Log in ]

오늘은 어떤 재미난 지식을 올려 볼까?

MENU
- 물리면 아프다
- 화학이 화하하
- 생물 오징어
- 지구는 둥글다

## 대기 전력을 줄이는 또 다른 방법!

대기 전력이 클수록 전기 에너지가 낭비되고 전기 요금도 많이 나와. 그런데 해마다 가정에서 대기 전력으로 손실되는 전력이 전체 전력의 약 $\frac{1}{10}$이나 된다고 해. 어마어마하지? 플러그를 콘센트에서 뽑아 놓는 것 외에 대기 전력을 줄이는 방법을 소개할게.

전기 제품마다 소비 전력이 다른 것처럼 대기 전력도 달라. 기업이 제품을 만들 때 대기 전력이 작은 제품을 만들도록 이끌기 위해 정부에서는 '대기 전력 저감 프로그램'이라는 걸 만들었어. 대기 전력이 일정 기준보다 큰 제품에는 대기 전력 경고 표시를 붙이고, 일정 기준보다 작은 제품에는 에너지 절약 표시를 붙이는 거야. 이왕이면 에너지 절약 표시가 붙어 있는 제품을 사용하면 대기 전력이 작아 전기 에너지를 절약할 수 있어.

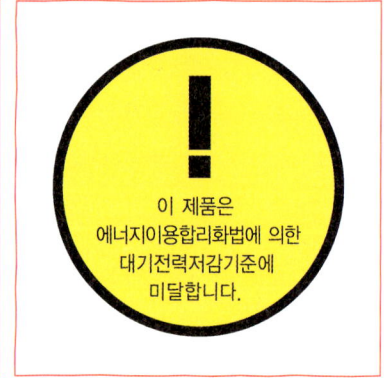

▲ **에너지 절약 표시** 대기 전력이 작은 제품이란 뜻이야.

▲ **대기 전력 경고 표시** 대기 전력이 큰 제품이란 뜻이야.

모든 전기 제품에 대기 전력이 있는 건 아니야. 플러그를 콘센트에 꽂아 두어도 대기 전력이 아예 생기지 않는 제품도 있어. 대기 전력이 있는지, 없는지는 전원 버튼을 보면 알 수 있지.

대기 전력이 있는 제품

대기 전력이 없는 제품

전원 버튼에 이렇게 깊은 뜻이!

+

장하다의 오답을 피하는 방법

나선애의 야무진 실험실

왕수재의 아는 척 과학교실

허영심의 별 헤는 밤

곽두기의 빅뱅 따라잡기

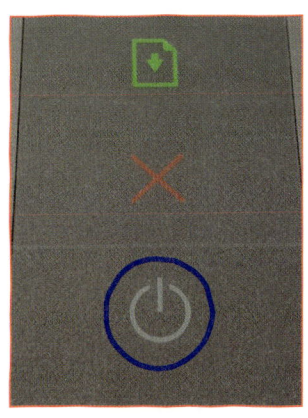
▲ 대기 전력이 있어.

전원 버튼의 세로줄이 원 밖으로 일부 나와 있으면 대기 전력이 있는 제품이야. 반면 세로줄이 원 안에 들어와 있으면 대기 전력이 없는 제품이야. 안타깝게도 우리가 사용하는 대부분의 전기 제품에는 대기 전력이 있단다.

▲ 대기 전력이 없어.

## COMMENTS

 지금 당장 텔레비전 전원 버튼을 확인해 봐야지!

 난 대기 전력 경고 표시가 있는지 확인할래!

 난 텔레비전을 안 끄고 계속 볼래. 그럼 대기 전력이 안 생기잖아!

 아휴… 못 말려!

**6교시 | 신재생 에너지**

# 버스에 기름 대신 수소를 쓰는 까닭은?

- 저기 버스 온다!
- 버스 위쪽에 뭐라고 쓰여 있어!
- 친환경 수소 버스? 친환경은 뭐고, 수소는 또 뭐야?

"수재야, 버스 온다!"

"오, 늦지는 않겠다! 근데 버스에 무슨 글자가 적혀 있어."

왕수재가 다가오는 버스를 가리키며 말했다. 듣고 있던 장하다도 고개를 끄덕였다.

"위쪽에 '친환경 수소 버스'라고 쓰여 있네. 저 버스는 뭐 특별한 거라도 있나?"

"특별한 게 있지! 저 버스는 기름을 안 쏜단다."

갑작스러운 용선생의 목소리에 아이들이 화들짝 놀라 뒤를 돌아보았다.

"헉, 용선생님! 선생님도 버스 타고 가시는군요?"

"근데 저 버스는 왜 기름을 안 써요?"

"하하, 아침부터 만나니 반갑구나. 그건 이따가 과학실에서 함께 알아보자."

 ## 기름을 너무 많이 쓰면 안 되는 까닭은?

"선생님, 아침에 저희가 탄 그 버스는 왜 기름을 안 쓰는지 빨리 설명해 주세요."

아이들이 모두 자리에 앉자 왕수재가 재촉하듯 말했다.

"그래그래. 버스가 움직이려면 에너지가 필요해. 우리나라 버스는 대부분 에너지를 얻기 위해 기름이나 천연가스를 연료로 사용하지. 버스뿐 아니라 현재 우리가 사용하는 에너지의 약 85%(퍼센트)는 석탄, 석유, 천연가스와 같은 연료를 태워서 만들어. 그런데 기름이나 천연가스를 너무 많이 사용하면 여러 가지 문제가 생겨."

"어떤 문제요?"

"먼저 기름이나 천연가스가 어떻게 생기는지부터 알아보자. 혹시 이런 연료를 어디에서 얻는지 아니?"

"땅속에서 캐낸다는 건 아는데…… 어떻게 해서 땅속에 생겨났는지는 잘 모르겠어요."

왕수재가 머리를 긁적이며 말했다.

"땅속은 온도와 압력이 매우 높아. 아주 오래전에 지구에 살았던 식물이나 동물이 죽어 땅속에 묻히면 땅속의 높은 온도와 압력 때문에 다른 물질로 변해. 이렇게 해서 생긴

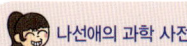
**나선애의 과학 사전**

**천연가스** 석유나 석탄이 묻힌 지역에서 나오는 가스야. 불에 잘 타고, 메테인이 주성분이야. 도시가스, 버스, 청소차 등에 사용돼.

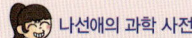
**나선애의 과학 사전**

**압력** 물체를 누르는 힘을 말해.

연료를 '화석 연료'라고 하지. 석탄, 석유, 천연가스가 바로 화석 연료야. 생물이 죽어 화석 연료가 되기까지는 적어도 수백만 년이 걸려."

▲ 석탄이 만들어지는 과정

"식물이나 동물이 죽어 화석 연료가 된다니, 신기하다!"

"와, 수백만 년이면…… 시간이 엄청 오래 걸리네요!"

"그래. 화석 연료가 만들어지려면 수백만 년이 필요하기 때문에 화석 연료가 다시 생겨나는 건 거의 불가능해. 지구에 있는 화석 연료의 양은 끝이 정해져 있는데, 우리가 사용하는 에너지의 양은 끝없이 늘어나고 있지."

"그럼 나중에는 화석 연료가 바닥날 수도 있겠어요!"

허영심이 얼굴을 찡그리며 말했다.

"그래. 게다가 화석 연료를 태울 때 나오는 물질은 공기를 오염시키고 지구의 온도를 높이기도 해. 그래서 여러 가지 문제가 생기고 있어."

"지구의 온도가 높아지면 뭐가 안 좋은데요?"

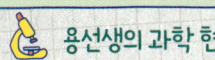 용선생의 과학 현미경

## 화석 연료를 많이 쓰면 왜 지구의 온도가 높아질까?

화석 연료를 태우면 이산화 탄소라는 기체가 생기는데, 공기 중에 이산화 탄소의 양이 많아지면 지구의 온도가 높아져. 왜 그럴까? 지구 표면은 낮 동안 태양열을 받아 데워진 뒤 다시 열을 밖으로 내보내.

이때 공기 중에 있는 이산화 탄소, 수증기, 메테인, 오존 등의 기체는 지구가 내보낸 열을 흡수했다가 다시 지구로 되돌려보내. 공기 중에 이산화 탄소가 많아지면 지구로 되돌려 보내는 열이 많아져 지구의 온도가 필요 이상으로 높아지는데, 이런 현상을 '지구 온난화'라고 해. 산업이 발전하면서 화석 연료 사용이 엄청나게 늘어나 공기 중에 있는 이산화 탄소의 양도 빠르게 늘어났어. 덩달아 지구의 온도도 빠르게 높아지고 있지.

"극지방에 있는 빙하가 녹아 바닷물이 늘어나서 섬이나 해안 도시가 물에 잠길 수도 있고, 가뭄이 오거나 큰 산불이 날 수도 있어."

▲ 지구의 온도가 높아져 빙하가 녹아.

▲ 빙하가 녹아 섬이 물에 잠겨.

"저런, 화석 연료 사용을 되도록 줄여야겠어요!"

장하다가 단호한 표정으로 말했다.

"그래서 버스에 기름이나 천연가스를 안 쓰고 다른 걸 쓰는 거군요!"

"그렇단다."

**핵심정리**

석탄, 석유, 천연가스와 같은 화석 연료는 만들어지는 데 수백만 년이 걸리기 때문에 다시 생겨나는 것이 거의 불가능해. 화석 연료를 많이 쓰면 공기가 오염되고 지구의 온도가 높아져.

 ## 수소를 연료로 쓰는 까닭은?

"아침에 탄 버스는 기름이나 천연가스를 안 쓰면 뭘 쓰는데요?"

왕수재가 안경을 치켜올리며 물었다.

"아침에 수재와 하다가 탄 버스는 '친환경 수소 버스'야. 친환경은 친할 친(親) 자를 써서 환경을 오염하지 않고 자연 그대로의 환경과 잘 어울린다는 뜻이고, 수소 버스는 기름 대신 수소를 사용하는 버스라는 뜻이지."

"기름 대신 수소를 쓰면 뭐가 좋아요?"

"수소로 어떻게 에너지를 얻어요?"

아이들이 마구 질문을 쏟아냈다.

"좋아, 이제 수소 연료 얘기를 해 보자. 방금 말한 대로 화석 연료를 덜 사용하려면 새로운 에너지 자원이 필요해. 우리나라뿐 아니라 세계 여러 나라는 환경을 파괴하지 않고, 계속 쓸 수 있는 깨끗한 에너지 자원을 개발하고 있어. 그래서 등장한 게 '신재생 에너지'야."

"신재생 에너지요? 들어 본 것 같은데, 무슨 뜻이죠?"

"나라마다 조금씩 다른데, 우리나라는 석유, 석탄, 원자력, 천연가스가 아닌 에너지를 신재생 에너지라고 해."

"수소 버스는 신재생 에너지를 이용하는 거예요?"

"응. 수소 버스를 비롯한 수소 차에는 수소 연료 전지가 들어 있고, 수소 연료 전지는 신재생 에너지에 속해. 수소 연료 전지는 화석 연료를 태우는 대신 수소와 공기 중의 산소

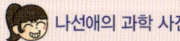

나선애의 과학 사전

수소 색과 냄새가 없는 기체로, 기체 중에 가장 가벼워.

▲ 친환경 수소 버스  기름 대신 수소를 사용해.

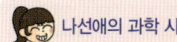

나선애의 과학 사전

산소 색과 냄새가 없고, 우리가 숨을 쉴 때 쓰이는 기체야.

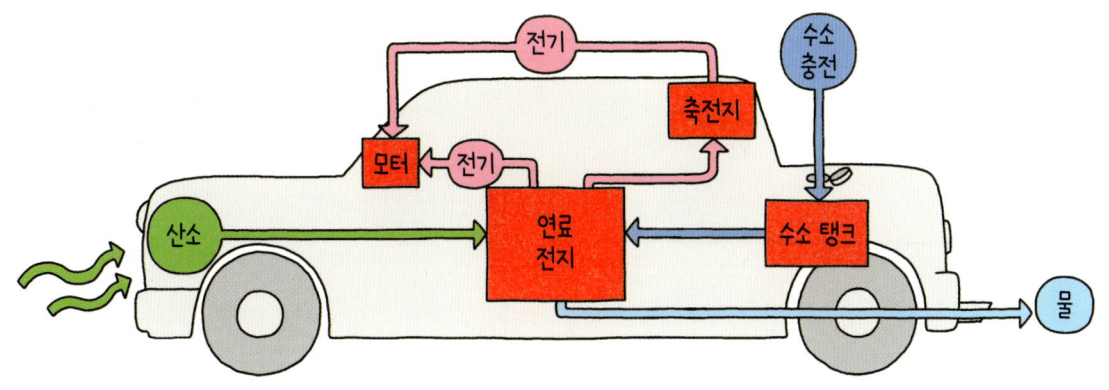

▲ **수소 차의 작동 원리**  수소 탱크의 수소와 공기 중의 산소가 연료 전지에서 반응하여 전기 에너지와 물이 생기면, 전기 에너지로 모터를 돌리고 일부는 저장하여 필요할 때 사용해. 이때 생긴 물은 밖으로 내보내.

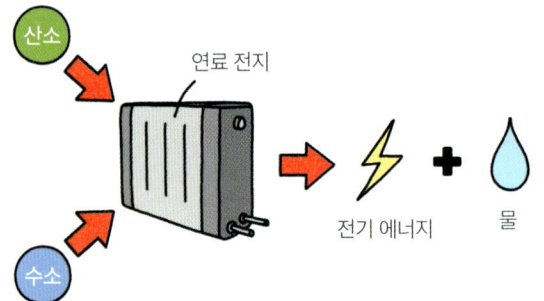

▲ 수소 연료 전지에서 수소와 산소가 반응하여 전기 에너지와 물이 생겨.

를 반응시켜 전기 에너지를 만드는 장치야. 수소가 산소와 반응하면 전기 에너지와 물만 생기고 오염 물질이 나오지 않아."

"물과 전기만 생기면 환경을 오염시킬 일은 없네요!"

"맞아. 게다가 수소 차는 공기를 깨끗하게 만들기도 해. 순수한 산소를 사용하기 위해 공기 중의 미세 먼지를 제거하고 깨끗한 공기를 밖으로 내보내거든."

"정말로 친환경이네요!"

"수소를 안 쓰고 전기로 움직이는 전기 차도 있잖아요. 그건 수소 차와 어떻게 달라요?"

"아하, 전기를 충전해서 움직이는 전기 차 말이구나? 둘 다 전기로 움직이는 건 같지만, 아주 큰 차이가 있지. 전기 차는 전기 에너지를 차의 배터리에 저장한 뒤, 저장된 에너지로 모터를 돌려 움직여."

"배터리에 전기를 저장하는군요!"

▶ 전기 차의 작동 원리 전기 에너지를 배터리에 저장하여 모터를 돌려 움직여.

▲ 전기 차 배터리

"그래. 수소 차는 전기 에너지를 저장하는 대신 수소를 이용하여 전기 에너지를 직접 만들지. 수소 차는 수소와 산소만 있으면 전기 에너지를 계속 만들 수 있어. 한마디로 수소 차는 안에 발전기가 들어 있는 셈이야."

"그럼 수소는 어떻게 얻어요?"

"수소는 수소 충전소에서 얻는단다."

"아니, 제 말은 충전소에 있는 수소는 어디에서 얻느냐는 말이었어요."

"하하, 수소는 물로부터 얻을 수 있어. 물은 수소와 산소로 이루어졌거든. 지구 표면의 70%가 바다니까 바닷물을 사용하면 충분한 양의 수소를 얻을 수 있지. 하지만 비용이 많이 들어 아직은 대부분 화석 연료에서 수소를 얻어."

"정말요? 화석 연료를 쓰면 안 좋은 거잖아요."

"맞아. 화석 연료에서 수소를 얻는 과정에서 이산화 탄소가 발생하고, 이산화 탄소는 지구의 온도를 높이지. 그래서 화석 연료를 이용하지 않고 물에서 수소를 얻는 방법을 계속 연구 중이란다."

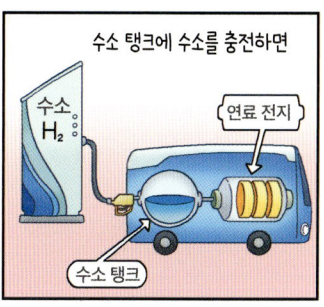

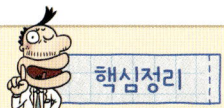

**핵심정리**

수소 차는 수소와 공기 중의 산소가 연료 전지에서 반응할 때 생기는 전기 에너지를 이용하여 움직여. 수소 연료 전지는 오염 물질을 만들지 않아.

##  신재생 에너지에는 또 뭐가 있을까?

"신재생 에너지에는 또 뭐가 있어요?"

"여러 가지가 있지만, 그중에서 자연을 이용하는 신재생 에너지를 알아보자. 자연에서 에너지를 얻는 가장 대표적인 방법은 바로 저걸 이용하는 거야."

용선생이 창밖의 해를 가리켰다.

"태양이요?"

"응. 태양으로부터 얻는 신재생 에너지에는 태양열 에너지와 태양광 에너지가 있어. 태양열 에너지는 말 그대로 태양에서 오는 열에너지를 이용하는 거야. 난방을 하거나 온수를 만들 때 주로 사용하지."

"온수는 뜨거운 물 아닌가요? 태양열로 물을 뜨겁게 만들 수 있어요?"

"태양열을 한곳으로 모으면 가능해. 다른 연료 없이 태양열만으로 음식을 조리할 수 있을 정도야."

"아, 그러고 보니 텔레비전에서 태양열을 모아 물을 끓이는 걸 본 것 같아요."

"그뿐만이 아니야. 태양열을 모아 물을 끓이고, 이때 발생하는 증기로 발전기를 돌려 전기 에너지를 만들 수도 있

▲ 태양열 온수기

▲ 태양열 에너지의 이용 태양열을 모아 주전자에 물을 끓여.

▲ 태양열 발전소

어. 이걸 태양열 발전이라고 해."

아이들이 고개를 끄덕이자 용선생이 말을 이었다.

"한편 태양광 에너지는 태양의 빛에너지를 이용해. 태양 전지로 태양의 빛에너지를 직접 전기 에너지로 바꾸지. 수소 연료 전지가 수소를 이용하여 전기 에너지를 만든다면, 태양 전지는 태양의 빛에너지를 이용해 전기 에너지를 만들어."

▼ 태양 전지가 모여 있는 태양광 패널

"근데 비가 오거나 흐려서 해가 나지 않으면 어떡해요?"

왕수재가 얼굴을 찌푸리며 물었다.

"수재 말대로 태양을 이용한 에너지는 날씨의 영향을 많이 받아. 또 겨울에는 낮이 짧아서 발전기

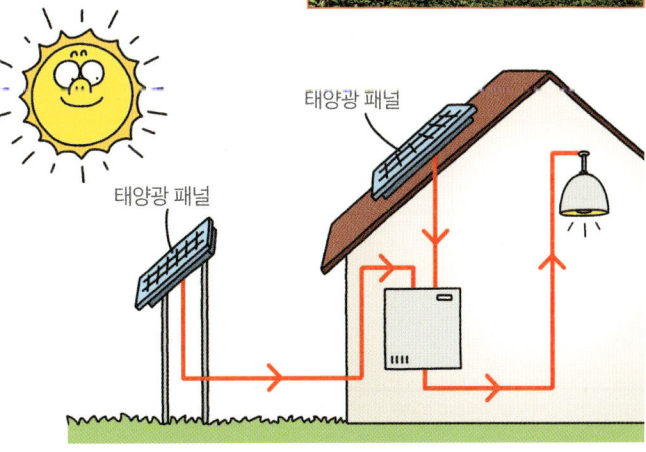

▲ 태양광 에너지의 이용  태양의 빛에너지를 전기 에너지로 바꿔.

용선생의 시끌벅적 과학교실 103

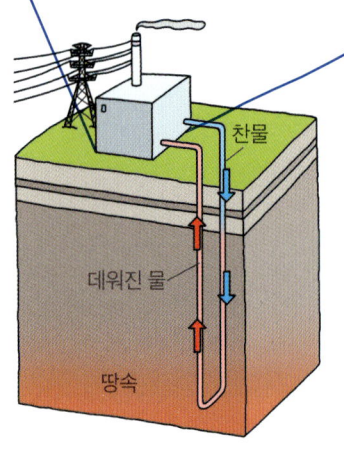

▲ 지열 에너지 발전

▲ 해양 에너지 발전

를 돌리는 시간도 줄지. 이처럼 태양을 이용한 에너지는 계절과 날씨에 영향을 많이 받는다는 단점이 있어."

이때 나선애가 손을 번쩍 들었다.

"예전에 바람에서 전기 에너지를 얻는다고 하셨잖아요. 그것도 자연을 이용한 신재생 에너지인가요?"

"오호, 선애가 아주 잘 기억하고 있구나! 풍력 발전으로 얻는 풍력 에너지와 수력 발전으로 얻는 수력 에너지도 신재생 에너지야. 땅속의 열에너지를 이용할 수도 있는데, 이렇게 얻는 에너지는 지열 에너지라고 해."

"땅속의 열에너지요? 땅속이 뜨거워요?"

"지구 내부는 온도가 매우 높아. 우리나라의 경우 지역마다 차이가 있지만, 지하 400~800 m(미터)의 온도가 25~35℃(섭씨도), 일부 지역은 지하 1~2 km(킬로미터)의 온도가 80℃나 돼. 지구 내부에서 밖으로 나오는 열에너지를 이용해 난방을 하거나, 발전기를 돌릴 수도 있어."

"와, 땅속에서도 에너지를 얻을 수 있구나!"

"땅속뿐 아니라 바다에서도 에너지를 얻을

수 있어. 밀물과 썰물 때 생기는 바닷물의 높이차나 바닷물의 흐름을 이용하기도 하고, 파도가 칠 때 파도의 운동 에너지를 이용하기도 하지. 바다에서 얻는 에너지를 통틀어 해양 에너지라고 해."

"와! 태양, 땅속, 바다…… 신재생 에너지를 얻을 수 있는 곳은 무궁무진하네요!"

"맞아. 그런데 자연을 이용하는 신재생 에너지는 대체로 화석 연료보다 에너지 효율이 낮아. 또 자연이 끊임없이 변하기 때문에 아무 때나 발전을 할 수 없다는 단점이 있어."

"그렇겠네요. 바람이 잘 불지 않으면 풍력 발전을 할 수 없잖아요."

"하지만 에너지 효율이 높으면서 적은 비용으로 신재생 에너지를 얻는 방법을 계속 연구하고 있으니까 앞으로 신재생 에너지의 비중은 점점 높아질 거야."

"빨리 그렇게 되면 좋겠어요. 지구가 그만 더워지게요!"

"신재생 에너지까지 알았으니 에너지에 대해서는 이제 다 알게 된 것 같구나. 이걸로 에너지 수업 끝!"

**핵심정리**

자연을 이용하는 신재생 에너지에는 태양열 에너지, 태양광 에너지, 풍력 에너지, 수력 에너지, 지열 에너지, 해양 에너지 등이 있어.

# 나선애의 정리노트

1. ⓐ☐ 연료
   ① 오래전 지구에 살았던 생물이 죽어 땅속에 묻혀 만들어진 연료
      예) 석탄, 석유, 천연가스
   ② 만들어지는 데 수백만 년이 걸리므로 다시 생겨나는 게 거의 불가능함.
   ③ 화석 연료를 태울 때 나오는 물질은 공기를 오염시키고 지구의 ⓑ☐를 높임.

2. 신재생 에너지
   ① 석유, 석탄, 원자력 또는 천연가스가 아닌 에너지
   ② 수소 연료 전지: 수소와 공기 중의 ⓒ☐를 반응시켜 ⓓ☐ 에너지를 만듦. 이때 물만 생기고, 오염 물질이 나오지 않음.

   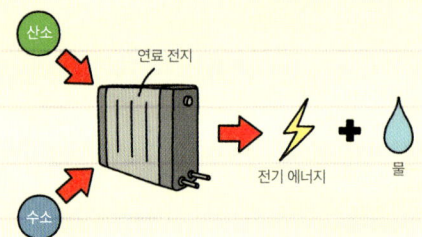

   ③ 자연을 이용한 신재생 에너지: 태양열 에너지, 태양광 에너지, 지열 에너지, 해양 에너지, 풍력 에너지, 수력 에너지

ⓐ 화석 ⓑ 온도 ⓒ 산소 ⓓ 전기

# 과학퀴즈 달인을 찾아라!

●정답은 115쪽에

## 01

친구들이 이번 시간에 배운 내용에 대해 이야기하고 있어. 옳으면 O, 옳지 않으면 X를 표시해 줘.

① 수소 연료 전지는 수소와 공기 중의 산소를 이용해 전기 에너지를 만들어. (　　)
② 태양열 에너지는 신재생 에너지야. (　　)
③ 천연가스는 신재생 에너지야. (　　)

## 02

나선애가 버스 정류장을 찾아가려고 해. 신재생 에너지와 관련된 단어를 따라가면 미로를 통과해 버스 정류장에 도착할 수 있대. 나선애가 미로를 통과할 수 있게 도와줘.

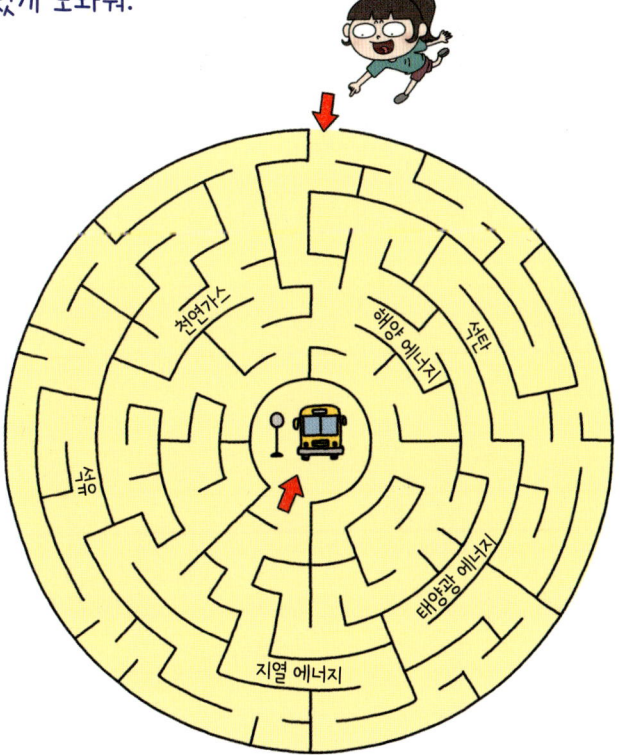

| 용선생의 과학 카페 | 용선생의 한국사 카페 | 용선생의 세계사 카페 |

https://cafe.naver.com/yongyong

## 용선생의 과학 카페

과학계의 핵인싸.
용선생의 과학 카페에
오신 걸 환영합니다.

[ Log in ]

**MENU**
- 물리면 아프다
- 화학이 화하하
- 생물 오징어
- 지구는 둥글다

# 세계 최초의 탄소 제로 도시, 베드제드

세계 곳곳에서 화석 연료 사용을 줄이고 신재생 에너지를 최대한 활용하려 노력하고 있어. 그중 가장 대표적인 곳이 영국의 베드제드야.

▲ 영국 베드제드

베드제드는 2000년에서 2002년 사이에 영국 런던 근처에 지어진 친환경 주택 단지야. 화석 연료를 사용하지 않고 신재생 에너지만을 이용하여 에너지를 공급하도록 만들어진 세계 최초의 탄소 제로 도시이지. 탄소 제로 도시는 이산화 탄소를 배출하지 않거나, 이산화 탄소를 배출하는 만큼 깨끗한 에너지를 생산하는 도시를 말해.

▲ 지붕에 설치된 닭 볏 모양의 환기구

베드제드의 가장 큰 특징은 건물 지붕 위에 설치된 닭 볏 모양의 환기구야. 이 환기구는 바람에 따라 방향이 바뀌면서 건물 안의 탁한 공기를 깨끗한 바깥 공기로 바꾸고, 실내 온도를 일정하게 만들어.

지붕에는 태양광 패널이 설치되어 있고, 태양열 에너지를 최대한 이용하기 위해 창문이 남쪽을 향하도록 건물을 지었어. 또 베드제드 주민들은 자전거나 대중교통 사용을 늘리기 위해 주차 공간을 줄이고, '공동 차량제'를 운영하고 있어.

이밖에도 덴마크의 삼소섬, 독일의 프라이부르크, 아랍 에미리트의 마스다르시티, 중국의 동탄 등 세계 여러 나라에서 탄소 제로 도시를 만들기 위해 노력하고 있어. 그중 덴마크의 삼소섬은 1997년부터 신재생 에너지를 사용하기 시작하여 10년만에 외부의 도움 없이 전기 에너지를 스스로 공급하게 됐고, 남는 전기 에너지는 외부로 수출하기도 해. 우리나라에서는 2005년 대전시에 '제로 에너지 타운'을 만든 것을 시작으로 구미시 등 여러 도시에서 탄소 제로 도시를 만들기 위해 노력하고 있어.

- 장하다의 오답을 피하는 방법
- 나선애의 야무진 실험실
- 왕수재의 아는 척 과학교실
- 허영심의 별 헤는 밤
- 곽두기의 빅뱅 따라잡기

▲ 덴마크 삼소섬 건물 지붕의 태양광 패널

**COMMENTS**

- 제로는 0이라는 뜻이야!
  - 그 정도는 나도 알거든!
  - 삼소섬은 소가 세 마리 있는 섬이란 뜻인가?
  - 헐….

# 가로세로 퀴즈

에너지에 관한 가로세로 퀴즈야. 빈칸을 채워 봐.
띄어쓰기는 무시해도 돼.

**가로 열쇠**

① 석유, 석탄, 원자력 또는 천연가스가 아닌 에너지
② 수소 연료 전지에서 수소와 반응하여 전기 에너지를 만드는 기체. 우리가 숨 쉴 때에도 쓰임.
③ 위치 에너지와 운동 에너지의 합
④ 운동하는 물체가 가지는 에너지
⑤ 화석 연료를 태워 물을 끓일 때 나오는 증기로 발전기를 돌려 전기 에너지를 만드는 방법
⑥ 전기 기구가 1초 동안 사용하는 전기 에너지의 양
⑦ 에너지의 형태가 변하는 것. 에너지 ○○

**세로 열쇠**

① 산소와 반응하여 오염 물질 없이 전기 에너지를 만드는 기체. 차의 연료로 쓰임.
② 에너지가 전환될 때 에너지는 새로 생기거나 사라지지 않아 에너지의 총량이 항상 일정하게 보존됨을 나타내는 법칙. ○○○ ○○ 법칙
③ 물질 속에 저장되어 있는 에너지로, 음식을 먹고 소화시키거나 연료를 태울 때처럼 한 물질이 다른 물질로 변화할 때 나타남.
④ 발전기를 이용하여 전기 에너지를 만드는 곳
⑤ 전기 기구의 전원을 꺼도 플러그를 콘센트에 꽂아 두었을 때 전기 기구가 대기하는 동안 소비되는 전력
⑥ 오래전 지구에 살았던 생물이 죽어 땅속에 묻힌 뒤 높은 온도와 압력에 의해 변화되어 만들어지며, 석유, 석탄, 천연가스 등이 있음.
⑦ 발전소에서 만들어지는 에너지. ○○ 에너지

●정답은 115쪽에

# 교과서 속으로

교과서에서는 어떻게 배울까?

---

**초등 6학년 2학기 과학 | 에너지와 생활**

## 에너지에는 어떤 것이 있을까?

- **에너지 형태**
    - 열에너지, 전기 에너지, 빛에너지, 화학 에너지, 운동 에너지, 위치 에너지 등이 있다.
        ↳ 빛에너지는 주위를 밝게 한다.
        ↳ 전기 에너지는 전기 기구를 작동하게 한다.
        ↳ 화학 에너지는 생물의 생명 활동에 필요하다.
        ↳ 열에너지는 물체의 온도를 높인다.

 운동 에너지는 움직이는 물체가 가진 에너지야!

---

**초등 6학년 2학기 과학 | 에너지와 생활**

## 에너지의 형태가 바뀌는 예에는 어떤 것이 있을까?

- **에너지 전환**
    - 에너지의 형태가 바뀌는 것이다.

- **우리 주변에서 에너지의 형태가 바뀌는 예**
    - 범퍼카가 움직일 때 전기 에너지는 운동 에너지로 바뀐다.
    - 아이가 달릴 때 화학 에너지는 운동 에너지로 바뀐다.
    - 나무가 광합성을 할 때 빛에너지는 화학 에너지로 바뀐다.

 우리가 이용하는 에너지는 대부분 태양의 빛에너지가 전환된 거야!

**중 3학년 과학 | 운동과 에너지**

## 일과 에너지

- **과학에서의 일**
  - 물체에 힘이 작용하여 물체가 힘의 방향으로 이동할 때, 힘이 물체에 일을 한다고 한다.
  - 작용한 힘이 클수록, 물체가 힘의 방향으로 이동한 거리가 클수록 일을 많이 한 것이다.

- **일과 에너지의 관계**
  - 에너지는 일을 할 수 있는 능력이다.
  - 물체가 가진 에너지는 일로, 물체에 한 일은 물체의 에너지로 전환될 수 있다.

 에너지가 없으면 일을 할 수 없어!

**중 3학년 과학 | 에너지 전환과 보존**

## 역학적 에너지

- **역학적 에너지 전환**
  - 역학적 에너지는 물체가 가진 위치 에너지와 운동 에너지의 합이다.
  - 물체가 높은 곳에서 내려올 때에는 물체의 위치 에너지가 운동 에너지로 전환된다.
  - 물체가 높은 곳으로 올라갈 때에는 물체의 운동 에너지가 위치 에너지로 전환된다.

- **역학적 에너지 보존**
  - 마찰이 없을 때 운동하는 물체의 역학적 에너지는 항상 일정하게 보존된다.

 벌써 배운 내용이네! 중학교 과학도 걱정 없어!

## 찾아보기

골드버그 장치 72
대기 전력 86-88, 90-91
대기 전력 경고 표시 90
대기 전력 저감 프로그램 90
루브 골드버그 72
발전기 77-79, 88, 101, 103-104
발전소 66-67, 77, 79, 103
베드제드 108-109
빛에너지 32-38, 61-62, 64-70, 82-84, 103-105
산소 99-102
삼소섬 109
석유 33-34, 38, 63, 77, 95-96, 98-99, 106
석탄 33-34, 38, 63, 77, 95-96, 98-99, 106
소리 에너지 69
소비 전력 81-84, 88, 90
속력 51-53, 55-56
송전선 79
송전탑 79
수력 발전 77, 80, 88, 104
수력 에너지 104-106
수소 94, 98-101, 104, 106
수소 연료 전지 99-101, 103, 106
신재생 에너지 99, 102, 104-106, 108-109
에너지 보존 법칙 68-70
에너지 소비 효율 등급 86-88

에너지 전환 61, 64, 70, 72-73
에너지 절약 표시 90
에너지 형태 32, 34-36, 38
역학적 에너지 54-56
역학적 에너지 보존 법칙 55-56
역학적 에너지 전환 54, 56, 61-62, 68-69, 81
열에너지 32-38, 61-63, 67-70, 78-79, 81-85, 102, 104-105
운동 49-50, 52, 54-56
운동 에너지 49-56, 61-66, 68, 70, 72, 77-80, 88, 105
위치 에너지 44-49, 52-56, 61, 66-68, 77, 80, 88
이산화 탄소 30, 97, 101, 108
일 12-22, 24, 29, 43-50, 54, 56, 72-73
일의 양 16-19, 21-22, 46-47
전기 에너지 32-38, 61-64, 66-70, 76-88, 90, 99-104, 106, 109
전기 차 100
제임스 와트 81
중력 44
증발 66
지구 온난화 97
지열 에너지 104-106
질량 46-48, 50-51, 56
천연가스 95-96, 98-99, 106
친환경 수소 버스 94, 98-99

코일 78
키네틱 아트 73
탄소 제로 도시 108-109
태양 전지 103-104
태양광 에너지 102-103, 105-106
태양열 발전 103
태양열 에너지 102-103, 105
테오 얀센 73
풍력 발전 79-80, 88, 104-105
풍력 에너지 104-106
해양 에너지 105-106
화력 발전 77-78, 80, 88
화석 연료 96-99, 101, 105-106, 108
화학 에너지 33-34, 37-38, 61, 63-65, 67, 70, 78, 80, 88
힘 13-19, 22, 24-25, 44, 46, 54, 77, 95
힘의 3요소 14
W(와트) 81

114

# 퀴즈 정답

### 1교시

**01** ① ✗   ② ○   ③ ○

**02**

### 2교시

**01** ① ○   ② ✗   ③ ○

**02**

전자레인지에 치킨을 넣고 <u>전원</u>을 켜. 전자레인지가 작동하면서 전자레인지에서 <u>빛</u>이 나오고 치킨이 데워져. <u>치킨</u>을 맛있게 먹고 소화시켜.

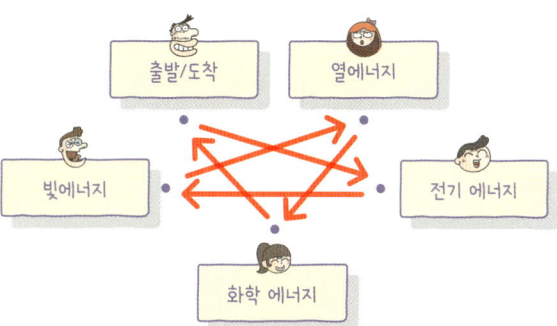

### 3교시

**01** ① ○  ② ○  ③ ✗

**02** 👍 알았다! 암호는 1 5 3 4 6 2 야!

### 4교시

**01** ① ○  ② ✗  ③ ○

**02**

## 5교시

**01** ① ✗   ② ✗   ③ ○

**02**

> 보기
> ① 수력 발전은 물의 ( 위치 ) 에너지를 이용하여 전기 에너지를 만들어.
> ② 화력 발전은 연료의 ( 화학 ) 에너지를 이용하여 전기 에너지를 만들어.
> ③ 풍력 발전은 바람의 ( 운동 ) 에너지를 이용하여 전기 에너지를 만들어.

| 절 | 약 | 위 | 김 |
|---|---|---|---|
| 운 | 동 | 기 | 치 |
| 전 | 기 | 화 | 소 |
| 열 | 빛 | 학 | 리 |

## 6교시

**01** ① ○   ② ○   ③ ✗

**02**

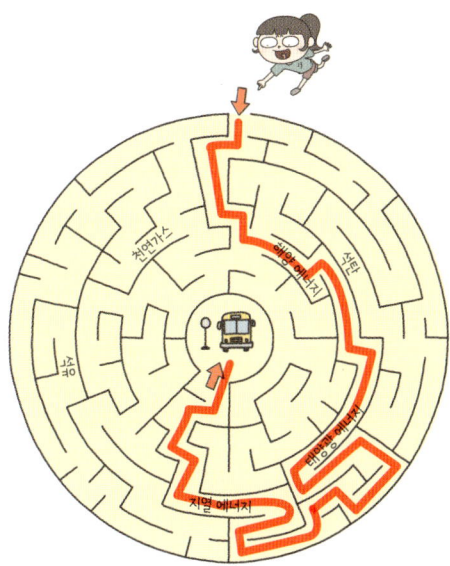

## 가로세로 퀴즈

|   | ❶수 |   |   | ①신 | 재 | 생 | ❷에 | 너 | 지 |
|---|---|---|---|---|---|---|---|---|---|
| ②산 | 소 |   | ❸화 |   |   |   | 너 |   |   |
|   |   | ③역 | 학 | 적 | 에 | 너 | 지 |   |   |
|   |   |   | 에 |   |   |   | 보 |   |   |
| ④운 | 동 | 에 | 너 | 지 |   |   | 존 |   |   |
|   |   |   | 지 |   |   |   |   |   |   |
| ❹발 |   | ❺대 |   |   | ⑤화 | 력 | 발 | 전 |   |
| 전 |   | 기 |   |   | 석 |   |   |   |   |
| ⑥소 | 비 | 전 | 력 |   | 연 |   | ⑦❼전 | 환 |   |
|   |   | 력 |   |   | 료 |   | 기 |   |   |

## 일러두기

· 맞춤법과 띄어쓰기는 국립국어원에서 펴낸 《표준국어대사전》을 따랐습니다.
· 과학 용어 표기는 《2015 개정 교육과정에 따른 교과용도서 개발을 위한 편수자료Ⅲ 기초과학, 정보 편》을 따랐습니다.
· 이 책에 실린 사진은 저작권자로부터 사용 허가를 받았습니다. 저작권자와 접촉하기 위해 최선을 다했으나 불가피한 사정으로 사용 허가를 받지 못한 일부 사진에 대해서는 저작권자와 연락이 닿는 대로 게재 허락을 받고 사용료를 지불하겠습니다.
· 이 책에 실린 그림의 저작권은 별도의 표기가 없는 한 사회평론에 있습니다.

## 사진 제공

35쪽: (주)나우이엘 | 58-59, 64쪽: 플레이디앤에이(주) | 61, 64쪽: Igor Gitelstain | 63쪽: 포토마토 | 72쪽: Granger Historical Picture Archive(Alamy Stock Photo) | 73쪽: Maurice Savage(Alamy Stock Photo) | 81쪽: 퍼블릭도메인 | 86, 90쪽: 한국에너지공단 | 91쪽: 포토마토 | 92-93, 99쪽: Youngjin(wikimedia commons_CC3.0) | 97쪽: robertharding(Alamy Stock Photo) | 108쪽: Tom Chance(wikimedia commons_CC2.0) | 그 외: 셔터스톡

## 용선생의 시끌벅적 과학교실 | 에너지

| | |
|---|---|
| 1판 1쇄 발행 | 2021년 9월 28일 |
| 1판 5쇄 발행 | 2025년 4월 14일 |
| 글 | 이명화, 김형진, 설정민 |
| 그림 | 김인하, 김지희, 전성연 |
| 감수 | 강남화 |
| 캐릭터 | 이우일 |
| 어린이사업본부 | 이승필 |
| 책임편집 | 이건혁 |
| 편집 | 정세민, 이명화, 홍지예, 김미화, 최예리, 윤성진, 김예린 |
| 마케팅 | 윤영채, 정하연, 안은지, 박찬수, 강수림 |
| 경영지원본부 | 나연희, 주광근, 오민정, 정민희, 김수아, 김승현 |
| 아트디렉터 | 강찬규 |
| 디자인 | 가필드 |
| 사진 | 포토마토 |
| 펴낸이 | 윤철호 |
| 펴낸곳 | (주)사회평론 |
| 전화 | 02-326-1182 |
| 팩스 | 02-326-1626 |
| 주소 | 03993 서울시 마포구 월드컵북로6길 56 사평빌딩 |
| 출판등록 | 1993년 10월 6일 제 10-876호 |

© 사회평론, 2021

ISBN 979-11-6273-181-9 73400

· 이 책 내용의 일부나 전부를 다시 사용하려면 저작권자와 사회평론의 동의를 받아야 합니다.
· 잘못 만들어진 책은 바꾸어 드립니다.

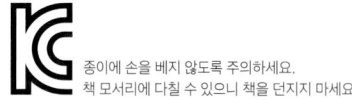
종이에 손을 베지 않도록 주의하세요.
책 모서리에 다칠 수 있으니 책을 던지지 마세요.